PUBLICATION DE LA SOCIÉTÉ DES ARCHIVES H...

CORPORATIONS
MAITRISES OU JURANDES
DE LA SAINTONGE ET DE L'AUNIS

RECUEIL D'ACTES ET DOCUMENTS

Publié par M. L.-C. SAUDAU

LA ROCHELLE
IMPRIMERIE NOUVELLE NOEL TEXIER

1903

CORPORATIONS
MAITRISES OU JURANDES
DE LA SAINTONGE ET DE L'AUNIS

Extrait du tome XXXIV des Archives historiques de la Saintonge
et de l'Aunis.

PUBLICATION DE LA SOCIÉTÉ DES ARCHIVES HISTORIQUES
DE LA SAINTONGE ET DE L'AUNIS

CORPORATIONS
MAITRISES OU JURANDES

DE LA SAINTONGE ET DE L'AUNIS

PREMIÈRE SÉRIE DE DOCUMENTS

Publiés par M. L.-C. SAUDAU

Bibliothécaire-Archiviste de Saint-Jean d'Angély.

LA ROCHELLE
IMPRIMERIE NOUVELLE NOEL TEXIER

29, RUE DES SAINTE-CLAIRE, 29

1904

CORPORATIONS, MAITRISES OU JURANDES
DE LA SAINTONGE ET DE L'AUNIS

Les documents relatifs aux anciennes corporations, maîtrises ou jurandes de la Saintonge et de l'Aunis sont peu connus. Les publications de la *Société des Archives historiques* n'en contiennent que de rares spécimens. Je vais essayer de combler en partie cette lacune par des pièces fort intéressantes provenant d'archives publiques ou privées constituant une première série que je me propose de continuer avec l'espoir que mes collègues de la Société m'aideront à combler le déficit par de nouvelles découvertes.

Nous donnerons dans une seconde série les statuts des orfèvres, les règlements adoptés par la corporation des procureurs de la sénéchaussée, le registre des apothicaires contenant les procès-verbaux de réception des maîtres avec la mention du chef-d'œuvre imposé, provenant des archives communales de Saint-Jean d'Angély.

Une honorable famille de la même ville, dont les chefs ont été maîtres boulangers pendant plus de cent cinquante ans et souvent choisis comme syndics par leurs collègues, a bien voulu mettre à ma disposition les pièces nombreuses qu'elle a conservées religieusement, m'autorisant à publier les plus intéressantes.

Saintes contribue à cette publication par une transaction faite entre les boulangers et la municipalité pour établir les bases de la taxe du pain ; la nomination d'un maître boucher à l'occasion du mariage de la reine de France (1669).

La Rochelle y figure par la réception d'un maître menuisier.

1569. — Statuts et ordonnances des maitres boulangers de la ville de Saint-Jean d'Angély. — *Original sur papier appartenant à M. Pelletier, capitaine de vaisseau en retraite.*

S'ensuivent les statuts et ordonnances que doivent suivre les maitres boulangiers de la ville de Saint-Jean-d'Angély et fauxbourgs d'icelle en leur maistier et vacation.

Si les maitres boulangiers ne sont experts au fait de boulangerie, ne seront receus et les non receus ne pourront s'entremettre de travailler en la ditte ville de Saint-Jean-d'Angély et fauxbourgs d'icelle.

Tous les dits maitres boulangiers, soient hommes ou femmes, seront tenus pour s'entremettre dans le métier de faire preuve d'iceluy en présence des maitres du dit mestier. Les fils de maitres seront pareillement receus en présence des dits maitres qui pour leur assistance n'exigeront aucune chose, et celui qui sera receu maitre baillera, sitost qu'il sera receu maitre, un teston au receveur de la communauté qui sera employé aux affaires d'icelle ; dont le dit receveur en sera tenu faire un estat et en rendra compte.

Seront tenus les dits maitres boulangiers avoir une ouverture ou fenêtre ouverte à vendre pain en la ditte ville et fauxbourgs d'icelle garnie de toutes sortes de pain, suivant et ainsy qu'il sera cy après dit, et en cas que la ville demeure dégarnye et dépourveue de pain par deffaut d'aucun des dits boulangiers, les défaillants seront condamnés en l'amende et peine suivant l'exigence du cas.

Poura outre le dit boulangier en vendre au banc de cette ville sy bon luy semble.

Le cas advenant qu'il fut requis faire grand provision de grains comme pour gens de guerre, pour étapes ou pour autre nécessité, les dits boulangiers seront tenus tous fournir et faire les dittes provisions de pains, et ce qui leur sera commandé par les maires de la ditte ville ou autre commis pour le Roy et icelle en leur faisant délivrer le bled, s'ils n'en ont pour faire l'avance.

Feront et tiendront ordinairement de trois sortes de pain, sçavoir est du blanc, du pain avec toutte sa fleur et du pain dit de reboutet, du poix, de la façon et valleur arrestée et limitée par les officiers de la ditte ville, suivant les édits et déclarations.

Les dits boulangiers ne feront amas ny munitions de bleds fors seulement pour leur maison et pour la fourniture des maisons et auberges de la ditte ville qu'ils fournissent et pour satisfaire au peuple, lesquels bleds ils envoiront soudain au moulin pour convertir en farine.

Le pain qui sera exposé en vente et vendu par le dit boulangier sera marqué de la marque du boulangier et de manière empreinte qu'elle pourra être veue et connue manifestement.

Fera cuire le dit boulangier le pain bien et deuëment, en tel lieu, endroit et maison d'icelle ville qui lui sera convenable, le dit pain estant froit pur et rassie, es heures de refection ordinaires, sçavoir est pas dessus di dés six et sept heures du matin, et pour le souper dés une ou deux heures après dîner pour le plus tard.

Aura le dit boulangier en sa maison ou boutique des balances en endroit le plus patent et manifeste, estant de cuivre ou de fer afin que le peuple qui acheptera pain puisse iceluy poiser ou faire poiser pour obvier à déception.

Sera fait le pain bon et savoureux et ne sera fait de farine réprouvée et mauvaise ny de bled gasté, trainé ny de son remoulu.

Un maître d'entre les dits boulangiers sera élu par le maire ou procureur de la ville, ou par autre de la ditte police pour aller regarder et visitter l'ouvrage des autres et en advertira les dits maire et juges de la police quand l'occasion se présentera.

Tous les dits maistres boulangiers, soient hommes ou femmes et veuves usant du dit mestier, chacun an, jour et feste de Pasques, seront tenues de mettre chacun un sol entre les mains de celuy d'entr'eux qu'ils aviseront, pour estre incontinent ausmosné et donné aux pauvres et invalides de la ditte ville en présence de l'un des officiers de la ditte ville.

Et afin que le maire de la ditte ville de Saint Jean d'Angély se souvienne de faire garder les privilèges des dits boulangiers, les dits boulangiers pour reconnaissance de leur maitrise et de ce qu'ils ne sont sujets à la dite police, dont la connaissance a esté attribuée par sa ditte Majesté, donneront au dit maire chacun an, le jour de Saint-Jean-Baptiste, auquel les maires de la ditte ville ont de coutume de faire les festins de leur mairie tous ensemble, se transporteront dès les huit heures du matin en la maison du dit maire, et luy ayant fait la révérence, luy présenteront et donneront chacun maistre un pain blanc de la valeur d'un sol.

PELLETIER.

A la suite est écrit : Statué en 1569.

Au dos on lit : Reçeu par les mains de Sébastien Allaud, de Pierre Dubreuil, sindicqs, huit livres pour avoir et fait la copie des autres parts des statuts des maistres boulangiers. A Saint-Jean, le 1ᵉʳ juin 1714.

LEVAVASSEUR.

—

1573, août. — Lettres patentes pour l'homologation des statuts des maistres boulangers de Saint-Jean d'Angély. — *Original appartenant au même. Lac de soie vert et rouge. Sceau enlevé.*

Charles, par la grâce de Dieu, Roy de France et de Navarre, à tous présens et à venir, salut : Savoir faisons que nous inclinant à la suplication et requeste des maistres boulangers jurez de la ville et fauxbourgs de Sainct

Jehan d'Angély, contenant que pour faire cesser les faultes, abbuz et males façons qui se sont cy devant commises et commettent journellement au dict estat par aucunes personnes n'ayant la congnoissance et expérience telle qu'il est requis avoir, ils ont ensemblement advisé estre très requis et nécessaire pour le proficl, utilité et publicque conservation de la santé et vye de nos subjects régir le dit estat et mestier de boullanger à linstar des autres bonnes villes de nostre royaulme et pour ce faire et faire garder et entretenir entre eulx les statuts et ordonnance concernant le dict estat et mestier, quils ont faict et arresté entre eulx avec l'advis des juges et aultres officiers de la dite ville y attaché soubz le contrescel de notre chancellerie, ils nous ont très humblement faict supplier et requérir leur pourvoir sur l'observation des dictz statutz et ordonnance, Nous, par l'advis de nostre conseil auquel les ditz statutz et ordonnance cy comme dict est attachées que nous avons ratiffiées, osmologuées et approuvées, ratiffions, osmologuons et approuvons par ces présentes. Sy donnons en mandemant au séneschal de Xainctonge, ou son lieutenant et à tous nos aultres justiciers et officiers et à chascun d'eulx si comme il à luy apartiendra faire lire, publier et enregistrer ces présentes et user doresnavant d'icelles plainement et paisiblement les dictz exposans, contraignant à ce faire souffrir et obéir tous ceulx qu'il apartiendra et qui pour ce seroit à contraindre par toutes voies, manières deues et raisonnables, nonobstant oppositions ou apellacions quelconques pour lesquelles et sans préjudice d'icelles ne veuillons estre différé. Car tel est nostre plaisir. Et afin que ce soit chose ferme et stable à tousiours nous avons faict mectre nostre scel à ces présentes sauf en autres choses nostre droict et laultruy en toutes. Donné à Paris, au moys d'aoust l'an de grâce mil cinq cens soixante treize et de nostre règne le treizième.

Au dos est écrit : Par le Roy : Du Vair, maître des requestes ordinaires de l'hostel, présents (en blanc).
DE LAMONERE.

—

1625, 27 mars. — Surannation sur confirmation de statuts des boulangers. — *Original appartenant au même. Sceau perdu.*

Louis, par la grâce de Dieu, Roy de France et de Navarre. Au sénéschal de Xainctonge ou son lieutenant au siège de Sainct-Jehan d'Angély, salut. Nos chers et bien amez les Maîtres jurez boulangers du dit Saint-Jean-d'Angély nous ont faict remonstrer que les roys nos prédécesseurs leur ont cy devant concédé et octroyé plusieurs statutz et ordonnances concernans leur art et mestier de boulanger qui leur ont esté par nous confirmez par nos lettres patentes en forme de charte données à Bourdeaux au mois de septembre de l'année mil six cent vingt cy attachées soubz nostre contrescel et d'autant qu'à cause des troubles et mouvements depuis survenus en nostre pays de Xainctonge les exposants n'en ont pu poursuivre la vérification et entérinement, et pour ce que vous y apportiez depuis quelque difficulté à cause de la surannation des dites lettres, ils nous ont supplyé leur pourvoir. A ces causes nous vous mandons et enjoignons par ces présentes que vous ayez à procedder à la vérification et enregistrement de nos dites lettres de confirmation de statutz et du contenu en icelles, faire souffrir et laisser jouir et user les dits maîtres jurez boulangers plainement et paisiblement selon leur forme et teneur, cessans et faisant cesser tous troubles et anpeschement contraire nonobstant la dite surannation et quelconques ordonnance, règlement et lettres à ce contraires ausquelles et au dérogatoire des dérogatoires d'icelles nous avons dérogé et dérogeons par ces présentes, car tel est notre plaisir. Donné à Paris, le xxvii du mois de mars l'an de grace mil six cent vingt-cinq et de notre règne le quinzième. Par le Roy et son conseil.

DEPEC.

—

1634, 13 mars. — Relief d'adresse et surannation sur confirmation de statuts des boulangers. — *Original appartenant à M. Pelletier. Sceau perdu.*

Louis, par la grâce de Dieu, Roy de France et de Navarre. A nos amez et féaux conseillers les gens tenans notre cour de parlement à Bordeaux, à autres nos justiciers et officiers qu'il appartiendra, salut. Nos bien amez les maistres jurés boulangers de Sainct-Jean d'Angély nous ont faict remonstrer qu'il leur a esté impossible de poursuivre l'exécucion de nos lettres du moys de septembre mil six cent vingt de confirmation des statutz, franchises et libertés à eux octroyez par nos prédécesseurs roys et d'avoir lettres de relief de surannation sur icelles du xxvii° mars 1626 à raison des mouvances et fournissemens de pain de munition que les exposants auroient faict pour les soldatz de nos armées devant la Rochelle et à présent que iceux exposants désiran se prévaloir des dites lettres elles se trouvent surannées et adressan au sénéschal de Xainctonge ou son lieutenant au siège du dit Saint-Jean, lequel feroit de la difficulté en l'enregistrement attendu *la dite surannation* et que par nos lettres du mois de juillet 1621, par vous vériffiées, Nous avons aboly les privilèges du corps de ville du dit Saint-Jean, bien que nous n'ayons entendu comprendre les dites lettres ce qui concerne le faict de la police et statutz des maîtres juré des dits boulangers ainsy que nous l'avons faict cognoistre par celles de surannation, au moyen de quoy les ditz exposants nous ont très humblement faict supplyer leur vouloir octroyer nos provisions nécessaires. A ces causes mettant en considération les services rendus par les dits exposants au fournissement des dits pains de munition, vous mandons et enjoignons par ces présentes lettres que sans vous arrester à la surannation et défaut d'adresse des dites lettres de confirmation et relief de surannation du mois de septembre 1620 et vingt-septième mars 1625 cy attachées soubz notre contresel et dont nous avons relevé et relevons les dits exposants par ces présentes, vous ayez à faire jouyr et user les dits exposants de tout le contenu en icelles plainement et paisiblement sans souffrir leur estre faict, mis ou donné aucun trouble et anpeschement nonobstant nos dites lettres du mois de juillet 1621, et toutes autres lettres, ordonnances, arretz et règlements à ce contraires, ausquelles et en dérogatoire des dérogatoires d'icelles nous aurions dérogé et dérogeons par ces présentes. Car tel est notre plaisir. Donné à Paris, le XIIIe jour de mars, l'an de grâce mil six cents trente-quatre, et de notre règne le vingt-quatrième.

Par le roy et son conseil.

CORMIER.

1667, 15 janvier. — Lettres de Louis XIV, créant un maître boucher à Saintes en faveur du mariage de la reine. — *Archives municipales de Saint-Jean d'Angély, II, n° 4.*

Louis, par la grâce de Dieu, Roy de France et de Navarre : A tous ceux qui ces présentes lettres verront, salut. Nous aurions par nostre édict du mois de may mil six cent soixante-six, deument vérifié et registré où besoin a esté, et pour les causes y contenues, créé et érigé deux lettres de m... es de chacun art et mestier, en toutes les villes, bourgs, vaux-bourgs et lieux de nostre royaume, pays, terres et seigneuries de nostre obéissance, où les mestiers sont jurez, en faveur du mariage de la Reine, et de son heureux advènement à la couronne, pour y etre par Nous pourveu de telle personne que nous voudrions choisir et eslire. A ces causes, sçavoir faisons, que nous avons fait et estably, faisons et establissons par ces présentes, nostre amé . . . . maistre du mestier de maistre boucher en nostre ville de Xainctes, pour du dit mestier de maistre boucher jouïr par luy, sa veufve et enfans après son déceds, aux droicts, privilèges et prérogatives, tout ainsi que les maistres du dit mestier, receus par chefs d'œuvre au dit lieu, il pourra mettre sur estaux et boutiques garnis d'ustancilles, outils, et autres choses nécessaires pour l'exercice du dit mestier. Si donnons en mandement à nostre président de Xainctes, que du dit. . . . . . . faisant profession de la religion catholique, apostolique et romaine, pris et receu le serment en tel cas requis et accoustumé, ils le fassent, souffrent et laissent jouïr et user plainement et paisiblement de ladite maitrise, droicts et prérogatives d'icelle, mesme du pouvoir d'assister aux visitations et assemblées qui se feront au corps du dit mestier, pour estre en son ordre à la jurande, ainsi que les autres maistres du dit mestier receus par chef d'œuvre, sans qu'il soit tenu faire aucun chef d'œuvre, espreuve, expérience, payer aucuns banquets, droict de confrairie et de bouestes, ny autres frais acoutumez, et qui pourroient estre demandéz suivant les statuts du dit mestier, dont nous l'avons relevé et dispensé, et sans qu'il luy soit fait, mis ou donné, ny à sa vefve et enfans après son décez, aucun trouble ny empeschement. Lequel, si fait estoit, sera par vous levé et osté, nonobstant opposition ou appellations quelconques, et sans préjudice d'icelles, pour lesquelles la réception d'iceluy ne sera aucunement différée. Car tel est nostre plaisir. En tesmoing, de quoy, Nous avons fait mettre nostre scel à ces dites présentes. Donné à Paris, le quinziesme jour de janvier, l'an de grâce mil six cens soixante-sept, et de nostre règne le XXIIIe.

En marge est écrit : Délivré par moy soubsigné, pour remplir dans le resor du parlement de Bordeaux, à Paris, le 15º janvier 1667. De Pongerville. — Délivré par moy soubsigné pour estre remplie aux lieux susdits au sieur de la Fitte, le jour et an que dessus. Thorette. — Pour maitre boucher de la ville de Xainctes, deslivré à Bordeaux, ce 24 may 1669, par moy soubsigné : Lafitte.

—

1669, 21 août. — Extraict des registres des requestes ordinaires de l'hostel du Roy. Requête, ordonnance et sommation faite aux maistres gardes du métier des boulangers de délivrer un état de tous les maitres du dit métier. — *Original appartenant à la famille Pelletier-Borianne.*

Veu par les maistres des requestes ordinaires de l'hôtel du Roy, juges souverains en cette partie, assemblez au nombre de huit, en leur auditoire du Palais à Paris, la requeste à eux présentée par Georges de Guiscard, chevalier, seigneur et comte de la Bourlie, cy devant sous-gouverneur du Roy, et à présent commandant pour le service de Sa Majesté, es ville, château et souveraineté de Sédan ; Claude Seguin, conseiller, secrétaire et médecin ordinaire du Roy, et premier médecin de la Reyne, mère de Sa Majesté ; et dame Jeanne Anfroy de Jussi et du Rocher, première femme de chambre de la dite dame Reyne, donataire du Roy, à cause de leurs fidels et continuels services, de la finance qui proviendra des quatre lettres de maîtrises de toutes sortes d'arts et métiers, en toutes les villes, fauxbourgs, bourgs et lieux du royaume, créés en faveur de la joyeuse naissance de monseigneur le Dauphin, premier fils de France, par édict vérifié ou besoin a esté, et registré au greffe de la dite cour, le 12 janvier 1663, contenant que par arrest de la dite cour du 21 août dernier 1663, et pour les causes y contenues, il est ordonné entr'autres choses que les dits édicts et arrêts d'enregistrement d'iceluy en cette cour, seront exécutez selon leur forme et teneur, et que pour en faciliter l'exécution, et avoir connaissance des abus, contraventions et malversations faites et apportées à l'exécution du dit édict, et à la vente et distribution des dites lettres, que les greffiers du Chastelet de Paris, et des bailliages, séneschaussées, prévostés, vicomtés et des autres juridictions de ce royaume, ou leurs commis, seront tenus de représenter toutes fois et quantes aus dits supplians ou à leur procureurs, commis et ayant cause, les registres ou feuilles volantes, ou les actes de réception des particuliers ou aspirans qui ont esté receus et passez maîtres, sont insérez, et leur en délivrer des extraits sommaires au vray, signés d'eux, sans aucuns excepter, du temps qu'ils leur seront demandez, suivant qu'il est plus amplement porté par les dits arretz et commission sur iceluy, scellée du grand sceau : Néanmoins les dits greffiers ou leurs commis qui s'entendent avec les dits juges et officiers, et avec les maistres-gardes et jurés des dits arts et métiers contrevenans, sont refusans de délivrer les dits extraicts, et encores avec les propriétaires et porteurs d'aultres lettres de maistrises de différents autres titres et créations, scellées de divers sceaux, comme du sceau de la Reyne Mère de Sa Majesté, de Monsieur le duc d'Orléans, de Monsieur le Prince de Condé et autres, la plupart desquels ont vendu et distribué plus grand nombre des dites lettres, que ceux portés par les édicts de leur création, mesmes de falsifiées, raturées, et de supernuméraires et autres, les noms en blanc, et sur lesquelles ils auroient fait recevoir des trois et quatre personnes sur une mesme lettre, et d'autres qui après que les dites lettres ont été remplies, et les pourveus reçus, ils en ont raturé les noms et mestiers, et icelles revendues à d'autres qui se sont encore fait recevoir en vertu d'icelles, et si les dits greffiers ou leurs commis délivrent aucun des dits extraicts, c'est après avoir fait attendre un long temps

les procureurs, commis et huissiers employéz par les dits
supplians, et avoir pris et exigé d'eux telles sommes que
bon leur semble, et ce sous des prétextes qu'il n'y a point
de temps limité par ledit arrest pour les obliger à délivrer
les dits extraicts, ny de somme réglée de ce que les supplians leur doivent payer pour leurs dits salaires, et si ils
ne les délivrent pas véritables, et n'y employent qu'une
partie de ceux qui ont esté receus et passez maitres en contravention et y obmettent ceux que bon leur semble, et
par ce moyen font consommer les dits supplians en frais
et dépenses inutilement. Toutes lesquelles contraventions,
abus et malversations se font au mépris de la volonté du
Roy, et à la foule de ses sujets, et au grand préjudice,
dommages et intérêts des dits supplians, s'il n'y estoit
remédié ; et le don qu'il a plû à Sa Majesté leur faire pour
récompense de leurs fidèles et continuels services, et
les rembourser des grands frais et dépenses qu'ils ont
faites et font journellement auprès de leurs Majestez, leur
demeureroit infructueux, illusoire et sans effet ; ce qui ne
seroit raisonnable. A ces causes, attendu ce que dit est,
requéroient les dits supplians, qu'il plust aus dits sieurs
maitres des requestes, ordonner que le dit édict et l'arrest
de la dite cour du 21 aoust dernier 1663, seront exécutez
de point en point, selon leur forme et teneur, ce faisant
les casser, révoquer et annuler comme attentat, tout ce
qui a esté ou pourroit estre fait au préjudice ; mesmes
toutes et chacune les réceptions qui ont été ou pourront estre faites cy-après en contravention des dits édicts
et arrests ; et pour faciliter l'exécution d'iceux et avoir
entière connoissance des dites contraventions, abus et
malversations que les grefers du chastelet de Paris,
et des bailliages, sénéchaussées, prévostéz, vicomtez, mairies, et autres juridictions du royaume, ou leurs commis exerçant les dits greffes, seront tenus de représenter
incessamment aus dits supplians les registres ou feuilles

volantes, où les actes des réceptions des particuliers qui auront esté receus et passez maistres sont inserez, et leur en délivrer des extraicts sommaires ou vray, signez d'eux, sans aucuns excepter du temps qu'ils leur seront demandez, contenant les noms et surnoms des particuliers qui auront esté receus et passez maîtres, de quelque art ou mestier que ce soit, et des maîtres gardes jurez, anciens et particuliers des dits arts et mestiers qui auront assisté et consenti aux dites réceptions, jours et dattes d'icelles, deux jours après le commandement qui leur sera fait, en vertu de l'arrest qui interviendra sur la présente requeste, à personnes ou domicilles, en leur payant leurs salaires raisonnables, qu'ils marqueront au bas des dits extraits, à quoy faire ils seront contraints par corps et biens, jusques à la somme de cinq cents livres envers les supplians pour les y abstraindre, et à peine de tous despens, dommages et intérêts ; et outre que les maîtres gardes, jurez des dits arts et mestiers, en charge, seront aussi tenus de bailler chacun estat et déclaration au vray, signé d'eux, aux procureurs et commis des dits supplians, des noms, surnoms de tous les maîtres, soy disant maîtres travaillans et exerçans les dits arts et mestiers, contenans ceux reçus maistres de chef-d'œuvre, et ceux reçus maistres par lettres de maîtrises, et de quels titres et créations seront les dites lettres, et tant les dits jurez anciens et particuliers des dits arts et mestiers, aussi tenus de leur représenter chacun leur lettre de maîtrise, et les actes de leur réception en bonne forme, en vertu desquelles ils travaillent et exercent les dits mestiers, si aucunes en ont, pour estre par eux vues et paraphées *ne varietur*, dans trois jours de la signification qui sera faite de l'arrest qui interviendra sur la présente requeste, aux greffiers des dites juridictions ou à leurs commis, qui seront tenus de le faire savoir aux dits maîtres gardes, jurez des dits arts et mestiers, et les dits jurez aux anciens maistres de chacun leurs mestiers ; lesquelles lettres et actes de réception leur seront rendues sans frais et jusques à ce défenses d'exercer les dits mestiers à peine contre les contrevenans et refusans de cent livres d'amende, pahable sans départ, et de confiscation de leurs ouvrages, outils et marchandises ; et outre que toutes et chacunes les lettres de maitrises, raturées, falsifiées et supernuméraires, seront apportées ou envoyées au greffe des dites requestes de l'hostel, par ceux qui en seront porteurs, pour estre communiquées à monsieur le procureur général des dites requestes, estre ordonné ce que de raison, et que le dit arrest qui interviendra sur la présente requeste sera exécuté, nonobstant oppositions, appellations, et autres empeschements quelconques signifié à qui il appartiendra, leu, publié et affiché où besoin sera, à ce qua personne n'en prétende cause d'ignorance et permette aux dits supplians de faire assigner en celle dite cour tous les contrevenans, délayans, ou opposans, pour respondre aux conclusions contr'eux prises. Veu aussi le dit édict et arrest d'enregistrement d'iceluy, l'arrest de cette cour, du 21 août dernier donné en conséquence, et autres pièces attachées à la dite requeste, conclusions du procureur du roy, ouy le rapport d'icelle par le sieur commissaire à ce député, et tout considéré. Les dits maistres des requestes ordinaires de l'hostel du roy, juges souverains en celle partie, ont ordonné et ordonnent, que le dit édict et l'arrest de celle dite cour du dit jour, 21 août dernier 1663, seront exécutez selon leur forme et teneur ; ce faisant ont cassé, révoqué et annullé, cassent, révoquent et annullent comme attentat, tout ce qui a esté ou pourroit estre fait au préjudice, mesmes toutes et chacunes les réceptions qui ont esté et qui pourroient estre faites cy-après, en contravention des dits édicts et arrests, et pour faciliter l'exécution d'iceux, ordonnent que les greffiers du Chastelet de Paris, et des bailliages et sénéchaussées, prévostez, vicomtez, mairies et autres juridictions du royaume, ou leurs commis exerçans les dits greffes, seront tenus de représenter incessamment aus dits supplians, les registres ou feuilles volantes, ou les actes de réceptions des particuliers qui auront esté receus et passez maistres sont insérez, et leur en délivrer des extraits sommaires au vray, signés d'eux, san aucuns excepter, du temps qu'ils leur seront demandez, contenant les noms et surnoms des particuliers qui auront esté receus et passez maistres, de quelque art et mestier que ce soit, et des maitres-gardes, jurez anciens et particuliers des dits arts et mestiers qui auront assisté et consenty aus dites réceptions, jours et dattes d'icelles, deux jours après le commandement qui leur sera fait en vertu de l'arrest à personnes ou domicilles, en leur payant leurs salaires raisonnables, qu'ils marqueront au bas des dits extraits, à quoy faire ils seront contraints par corps et biens, jusques à la somme de cinq cents livres envers les supplians pour les y abstraindre, et à peine de tous dépens, dommages et intérests. Ordonnent, et outre, que les maitres-gardes, jurez des dits arts et métiers en charge, seront aussi tenus de bailler chacun estat et déclaration au vray, signé d'eux, aux procureurs et commis des dits supplians, des noms, surnoms de tous les maitres, soy disant maistres travaillant et exerçans les dits arts et mestiers, contenans ceux reçus maistres de chef d'œuvre, et ceux receus maistres par lettres de maistrises, et de quels titres et créations seront les dites lettres, et tant les dits jurés anciens, et particuliers des dits arts et mestiers, aussi tenus de leur représenter chacun leur lettre de maitrise et les actes de leurs réceptions en bonne forme, en vertu desquelles ils travaillent et exercent les dits métiers, si aucunes en ont, pour estre par eux veuës et paraphées *ne varietur*, dans trois jours de la signification qui sera faite de l'arrest aux greffiers des dites jurisdictions ou à leurs commis, qui seront tenus de le faire sçavoir aux dits maitres-gardes, jurez des dits arts et mestiers, et les dits jurés aux autres maistres de chacun leurs mestiers, lesquelles lettres et actes de réceptions leur seront rendues sans frais, et jusqu'à ce défenses d'exercer les dits mestiers, à peine contre les contrevenans et rfusans de cent livres d'amende, payable sans deport, et de confiscation de leurs ouvrages, outils et marchandises. Ordonnent encore que toutes et chacunes des lettres de maitrises, raturées, falsifiées et supernumérairées seront apportées ou envoyées au greffe des dites requestes de l'hostel par ceux qui en seront porteurs et pourveus, pour estre communiquées à Monsieur le procureur général des dites requestes de l'hôtel, pour estre ordonné ce que de raison, et que le dit arresté sera exécuté nonobstant oppositions, appellations, et autres empeschemens quelconques, signifié à qui il appartiendra, leu, publié et affiché ou besoin sera, à ce que personne n'en prétende cause d'ignorance ; ont permis et permettent aux dits supplians de faire assigner, en cette dite cour, tous les contrevenans, délayans ou opposans, pour respondre aux conclusions qui seront contre eux prises. Fait à Paris, en l'hotel, le onzième mars mil six cens soixante quatre. — Collationné, signé Le Mazier.

Louis, par la grâce de Dieu, roy de France et de Navarre : Au premier nostre huissier ou sergent, sur ce requis ; Te mandons et commandons par ces présentes, à la requeste de nos cher et bien amez Georges de Guiscard, chevalier, seigneur et comte de la Bourlie, cy-devant nostre sous gouverneur, et à présent commandant pour nostre service es ville, chasteau et souveraineté de Sedan. Claude Seguin, nostre conseiller, secrétaire et médecin ordinaire, et premier médecin de la Reyne, nostre très honorée dame et mère ; et dame Jeanne Anfroy de Jussi et du Rocher, première femme de chambre de la reyne, nostre dite dame et mère, donataires de nous, à cause de leurs fidels et continuels services, de la finance qui proviendra des quatre lettres de maitrises de toutes sortes et qualitez d'arts et mestiers en toutes les villes, fauxbourgs, bourgs et lieux de nostre royaume, païs, terres et seigneuries de nostre obéissance, créés en faveur de la joyeuse naissance de nostre très cher et très amé fils le Dauphin, par nostre édict du mois d'avril 1657, vérifié où besoin a esté, mettre à deue et entière exécution, selon sa forme et teneur, l'arrest dont l'extraict est cy attaché sous le contrescel de nostre chancellerie : ce jourd'huy donné par nos amez et féaux-conseillers les maistres des requestes ordinaires de nostre hostel, juges souverains en ceste partie, et iceluy tu signifies au greffe du Chastelet de Paris, et des bailliages, sénéchaussées, prévostéz, vicomtez, mairies et autres jurisdictions de nostre royaume, ès personnes des greffiers, ou leurs commis exerçans les dits greffes, qui seront tenus de le faire scavoir aux juges des lieux, et aux maistres gardes, jurez des dits arts et mestiers ; et les dits gardes jurez aux autres maistres, anciens et particuliers de chacun leur art et mestier, à ce qu'aucun n'en prétende cause d'ignorance, et faits les défenses y contenues sur les peines y mentionnées et tous exploits de commandemens, assignations, sommations et contraintes, par les voyes y déclarées, et autres actes et exploits requis et nécessaires pour l'exécution d'iceluy, sans demander autre permission, nonobstant clameur de Haro, chartre normande, prise à partie, et lettres à ce contraires. Et d'autant que du dit arrest et des présentes l'on pourra avoir affaire en plusieurs et divers lieux, voulant qu'aux copies et vidimus d'iceux, collationnés par l'un de nos amez et féaux conseillers et secrétaires, foy soit adjoustée comme aux originaux : car tel est notre plaisir. Donné à Paris, le onzième jour de mars, l'an de grâce mil six cent soixante-quatre, et de nostre règne le vingt-unième. Signé, par le roy, à la relation des maistres des requestes ordinaires de son hôtel, Pinson. Et scellé du grand sceau de cire jaune et contre-scellé.

Collationné aux originaux par moy conseiller secrétaire du roy : Maison, couronne de France, et de ses finanpces. Signé : Dubourg, avec paraphe.

L'an mil six cent soixante neuf, le vingt troizième jour d'aoust, l'arrest de nosseigneurs les maîtres des requestes ordinaires de l'hostel du roy, juges souverains en cette partie, et commission sur iceluy, dont copies sont ci-dessus transcrites, et à la requeste des dits sieurs Georges de Guiscard, seigneur et comte de la Bourlie, Claude Seguin, et la dite dame du Rocher y dénommés, donataires de sa Majesté des dites lettres de maîtrises y mentionnées, et en continuant les exploits de significations d'iceux commandemens, et de défenses cy devant faites à MM. les juges, officiers et greffiers du greffe du siège royal de la ville de Saint-Jean d'Angély, et aux maistres gardes et jurez des arts et mestiers de la dite ville, j'ay sergent royal receu et immatriculé au siège royal de....., demeurant au dit lieu de Saint-Jean d'Angély soussigné, d'habondant monstré, signifié et baillé copie imprimée des dits arrest et commission aux maistres, gardes jurez du mestier de boullanger, en parlant à la personne du dit Ballanger, tant pour luy que pour les autres du dit mestier, ausquels je luy ay enjoint de le faire sçavoir ; et en vertu des susdits arrest et commission, fait itératif commandement, de par le Roy nostre sire, de présentement bailler et mettre es mains des dits sieurs et dame requérans, ou à maistre Gieffroy Raoul, leur procureur et commis, un état et déclaration au vray, signée d'eux, des noms et surnoms de tous les maistres, soy disant maistres travaillant et exerçant le dit mestier de boulanger, contenant ceux receus de chef-d'œuvre, et ceux receus maîtres de lettres de maîtrises, et desquels titres et créations sont les dites lettres, mesme de représenter aux dits sieurs et dame, ou au dit sieur Raoul, leur procureur et commis, de présents en ceste ville de Saint-Jean d'Angély, chacun leurs lettres de maîtrises ou actes de réceptions en bonne forme, si aucunes en ont, en vertu desquelles ils travaillent et exercent le dit mestier, pour estre par luy veues et paraphées *ne varietur*, dans trois jours, et jusqu'à ce, je leur ai à tous, parlant comme dessus, fait deffense d'exercer le dit mestier, à peine contre les contrevenans et refusans de cent livres d'amende, payable sans départ, et de confiscation de leurs ouvrages, outils et marchandises, et outre déclaré qu'ils y seront incessamment contraints solidairement par toutes voies deues et raisonnables, mesme par corps, ainsi qu'il est porté par les dits édict, arrêt et commission, domicille esleu pour les dits sieurs et dame requérans, pour ce fait, et les dits trois jours seulement en ceste ville de Saint-Jean d'Angély, en la maison de Claude David, maistre de l'hostel où pend pour enseigne (*illisible*), où le sieur Raoul est logé, à ce qu'il n'en prétendent cause d'ignorance.

Fait es présence des tesmoins nommez en mon original qui sont R. Bourdau et.....

BONNOS. SABLÉE, sergent royal.

—

1675, 31 may. — Sentence sur appel du présidial de Saintes entre les syndics des boulangers de Saint-Jean d'Angély, d'une *part*, et Pierre Larquier, d'autre part. — *Original appartenant à M. Pelletier.*

Entre François Clerjaud et Morice Saunier, maistres boulangers de la ville de Saint-Jean d'Angelly, originairement appellant d'un jugement rendu par le lieutenant de la ditte ville et prins en quallité de saindiqs des autres maistres boullangiers du dit lieu ; Et Maurice Saulnier et Louis Candé, aussy appellant d'un mesme jugement en callitté de saindiqs de la communauté des boullangiers assignés en reprinse de procès, D'une part.

Et maistre Pierre Larquier, dernier héritier de messire

Bernard Larquier, prebstre curé de Saint-Jullien, et icelluy héritier de maistre Guillaume Larquier, prebstre curé de la paroisse de Garnaud, apellé et demandeur en reprise de procès, D'autre.

Veu l'acte d'appel desclaré par le dit Clerjaud et Saunier, signiffié à l'apellé le 19 janvier 1664, contre le jugement donné en febvrier dernier appellé par le dit lieutenant de Saint-Jean du 15 décembre 1663, signé de Bonnegens. Lettres denticipation de lapellé En la chancellerie du prezant siège du trante janvier mil six cens soixantequatre, signé Geoffroy : Procès-verbal d'assignation donnée ausditz appellants orriginaires par les dits appellés, par Tabarin, huissier, le premier febvrier au dit an, Grosse d'acte portant la relation de la cauze, du consentement des parties pour estre jugées en dernier ressort et l'autre mans comme ci-dessus, ainsi signé du dit Geoffroy. Acte contenant les dires desdites parties et appointemans adroit du cinq juin 1664, signé : Chauvet, greffier. Griefs des dits Clerjaud et Saunier, signés par honnorable homme Gourgue, procureur, de laquelle a heu coppie le 29 novembre au dit an ; Autres griefs de Jean Olliveau et Pierre Courjaud, signés desdits boullangiers appellant en assistemant de procès par les appellants originaires, signés Moreau, signiffiées par Tarade, huissier, le 27 aoust au dit an ; Nouvelle commission prinse en la chancellerie du présant siège à la requeste du dit Pierre Laugendic pour y faire apeller en reprinse de procès les nouveaux scindiques du 6 août 1674, signé Martin. — Procès-verbal des assignacions données ausdits Morice Saunier et Louis Candé, saindiques de la communauté du 6 novembre dernier, signé Chauvel, sergent, dhuemant controllé à Saint-Jean le dit jour par Cressé. — L'acte de la reprinse du dit procès et qu'il est remis en droit du 7 janvier dernier, signé du dit Martin. — Response de lapellé au susdit. — Griefs signifiés par ledit Tarade du 4 janvier dernier. —

Santance pour la distribution des deniers qui estoient entre les mains du dit curé de Garnaud, donné par le dit lieutenant de Saint-Jean, du 4 août 1666, signé La Macreud. — Nouvelle sommation de produire à la requeste du dit appellé, signiffiée le 8 janvier dernier. — Requeste des nouveaux syndiqs demandeurs, signé Pichon et Chanal, signiffiée par le dit Tarade, huissier, le 6 mars dernier. — Autre de l'appellé signé Gourgue, signiffiée par Dubreuil, 23 mars dernier. — Autre des dits nouveaux saindiqs, seignée Pichon et Chaval, signiffiée par le dit Dubreuil, le 10 du présent mois. — Actes cappitulaires de l'eslection faitte de la personne de Jacques Giron, du 12ᵉ d'apvril 1654, faite par les maistres boulangiers de ladite ville, de feu Callandeau, né Izac Jagueneaud, donné à Saint-Jean en fabveur du curé de Garnaud, contre les nommés Bouraud, du 4 février 1664, signé : Cardif, greffier, Et autres pièces respectives produittes par les parties en quatre sacsques complets, suivant leur inventaire.

Les gents tenant le siège présidial par jugement donné en dernier ressort, ont dit et disent qu'il a esté mal jugé par le dit lieutenant de Saint-Jean, bien apellé par les appellans et esmandant et corrigeant ont deschargé les susdits appellants originaires des condamnations contreux rendues, iceux visés par l'arrest, ensemble les nouveaux saindiqs de la communauté des maistres boullangiers de la ditte ville de Saint-Jean des conclusions contreux prises, condamne les apellés tant envers les dits François Clerjaud et Morice Saunier que envers les saindiqs de communauté appellés en reprinse de procès et adhérans aux appels, aux despans tant des causes principalles que d'appel, la taxe de tous les dits despans à eux réservée. Surquoy desduction sera faitte aux dits apellés des frais et peines portées par les exécutoires par luy obtenu contre les appellants chascun pour ce qui le concerne. Fait et arresté en la chambre du conseil du siège présidial de

Xaintes, le dernier de may 1675. Ainsy signé à la minutte des présentes, Dussaud, Burgaud, J. de Pichon, Larquier, Labbé, Fouyne, L. Grégoireau et Berthus Martin, collationné.

A la suite de ladite copie se trouve l'acte de signification à Anthoine Chanal, procureur des appellants, daté du 6 mai 1675. Signé : Dubreuille.

—

1693, 22 janvier. — Extrait des registres du parlement de Bordeaux portant homologation de la transaction intervenue entre les boulangers de la ville de Saintes, d'une part, et le procureur syndic de la même ville, au sujet de la taxe du pain. — *Copie authentique appartenant à la famille Pelletier-Borianne.*

Entre Pierre Boulois, Jean Chastellier, Vallantine Compaignon et Estienne Aubry, maistres boullangers et sindicqs des autres maitres boullangers de la ville de Saintes, demandant l'homologation de certaines délibérations, règlement et concordat à l'uthilité de certains deffauts, d'une part ; et monsieur le procureur général prenant le fait et cause pour son substitut au siège de Saintes, et maistre Louis Bruslé, conseiller du Roy et syndic de la maison commune de la dite ville de Saintes, deffandeurs, et le dit Brûlé, deffaillant, d'autre.

Veu par la cour des lettres obtenues en la chancelerie d'ycelle par les dits demandeurs pour faire assigner en la cour tant le dit Brûlé, procureur sindic, que autres qu'il appartiendra, pour voir homologuer le règlement et concordat passé entre les parties du troisiesme septembre dernier avec l'exploit d'assignation donné en conséquance tant au dit Bruslé qu'à maistre Louis Debaune, procureur du Roy au dit siège de Saintes, aux fins de la dite homologation du huitiesme du dit mois de septembre dernier, défaut levé au greffe de la cour par les dits demandeurs à l'encontre des dits sieurs Bruslé et Debaune ez dits noms du vingt quatriesme novembre dernier, requeste des dits demandeurs, signé Forcheron, contenant leur demende en profit et utillité du dit deffaud et de homologation et exécution des dittes délibérations, règlement et concordat, délibération du corps et communauté de la ville de Saintes assemblés, portant pouvoir au dit sindic de la communauté passée et rédigée en transaction entre les demandeurs, le règlement, arrest entr'eux consernant le prix du pain du septiesme déxembre mil six cent quatre-vingt-onze, transaction passée en conséquence entre le dit sieur Brûlé, procureur sindicq, et les demendeurs, portant règlement sur le prix du pain par raport à celluy des grains, du vingt-cinquiesme janvier mil six cent quatre-vingt-douze, receuë et signée Arnaud, notaire royal à Saintes, de l'homologation desquels actes est question, conclusions du procureur général du Roy qu'il n'empesche que les dittes délibérations, règlement et concordat soient homologué.

Dit a esté que la cour a déclaré le deffaud levé contre le dit Bruslé, procureur syndic de la maison commune de Saintes, bien et dhuëment obtenu et pour le profit d'y celluy du consentement du procureur général du Roy, a homologué et homologue les délibérations, règlements et concordat dont il est question, des dits jours septiesme décembre mil six cent quatre-vingt-onze, et vingt-cinquiesme janvier mil six cent quatre-vingt-douze, et en conséquence ordonne qu'ils seront exécutés par les parties à l'advenir, selon leur forme et teneur.

Prononcé à Bordeaux, en parlement, le vingt-deuxiesme janvier mil six cent quatre-vingt-treize.

S'ensuit la teneur des délibérations, règlements et concordat.

Du septiesme de décembre mil six cents quatre-vingt-unze, au conseil tenu en la maison commune de la ville de Saintes, par nous, Pierre Guillemin, conseiller du Roy, magistrat présidial au siège de la dite ville, y assistant messieurs Duplaix, Huon, Tourneau, Duplaix, Damessac, Geoffroy, Meneau, Geoffroy, Huon et Moreau, eschevains, avec monsieur Bruslé, conseiller et procureur du Roy de l'haustel de ville, à laquelle assemblée ont assisté messieurs Grégoireau et Chauvel, conseillers au siège présidial et députtés de messieurs du dit siège, auquel conseil ont été mandés et appellés les mannans et habitans de la ditte ville, au son de la cloche, qui a sonné par trois diverses fois à la manière acoutumée, dont se sont trouvés en cet hostel les soussignés et autres.

A été proposé par le sieur maire, que sur les contestations qui se sont muës entre monsieur le procureur sindicq de cette communauté et les autres maitres boullangers de la présente ville et feaubourg, il y a eu arrest portant qu'avant faire droit il sera fait un assay du produit de chasque pochée de froment sur les mesures de Saint-Jean, Pons et Cognac, et comme sur l'exécution du dit arrest il s'est fait quelque proposition d'accomodement et que les dits boullangers ont offert de fournir cent livres de pain pour chasquune pochée de fromant au prix qu'il vaudra aux minages des susdits lieux dont ils fourniront des extraits en bonne forme au greffe de céans.

Le dit sieur maire a fait cette assemblée pour savoir sy la communauté voudra accepter la proposition des dits boullangers ou à se résoudre à souffrir l'essay en exécution de l'arrest de la cour.

Sur quoy ouy le dit sieur procureur du Roy et sur ce délibéré, a esté arresté que d'un commun consentement de l'assemblée la proposition d'accomodement qui a esté faite par les maistres boullangers suivant les articles qu'ils avoient donnés par escrit et quy seront si après incérés, est acceptée, et en conséquence pouvoir est donné au dit sieur procureur du Roy d'en passer transaction avec eux par laquelle oustre le contenu des dits articles, les dits boullangers seront obligés de faire cuire bien et convenablement le pain des particulliers, moyennant le seiziesme seullement qu'ils ne pourront convertir en argent aux peine portée par leurs status et assisteront à la dite transaction messieurs Vivier et Baccot, avocats, que la dite communauté a nommés pour cet effet pour estre passée par leur avis.

Les boullangers donneront cent livres de pain bellulé par pochée sur les trois boisseau de Saintes, et de celluy de toute sa fleur à proportion, le dernier valant toujours deux deniers de moins que le premier, et qu'on règlera le prix de l'un et de l'autre sur ce pied, le tout bon et bien conditionné, que l'on augmentra le prix du pain de deux deniers lorsqu'il y aura seize sols huit deniers d'augmentation par pochée de fromant, et qu'on tiendra le même ordre pour la diminution du prix du pain par raport à mesme diminution dans le prix du froment, que lorsque la mesture vaudra trois livres la pochée de trois boisseau mezure de Saintes quy signiffie la mesme chose que la quartière mezure de Pons qui est de quatre boisseau, le pain vaudra toujours six deniers la livre et par augmentation de dix sols par quartière, quy est toujours trois livres dix sols, il vaudra sept deniers, à quatre livres huit deniers, à quatre livres dix sols neuf deniers, à cinq livres dix deniers, à cinq livres dix sols unze deniers, et à six livres un sol la livre, et successivement il augmentra d'un denier par livre par l'augmentation de dix sols par quartières, toujours les quatre boisseaux de Pons faisant les trois de Saintes et qu'on tiendra le mesme ordre par la diminution.

A été accordé que les dits boullangers fourniront au greffe de l'hostel de ville les extraits de tous les marchés de l'année des minages de Saint-Jean d'Angély, Cognac et Pons, du prix du froment et mesture en bonne forme des greffiers des dittes mercurialles de Saint-Jean d'Angély et Cognac.

Comme aussy est convenu qu'à quel prix que la mesture puisse venir, la livre de pain de la ditte mesture ne pourra estre moins de quatre deniers la livre, que pour faire le prix au froment et mesture l'on additionnera le prix des trois boisseaux et demy de Saint-Jean d'Angély, le prix du même nombre de celluy de Cognac et des quatre boisseaux mesure de Pons, lesquelles trois mesures des trois minages cy-dessus sera portant au trois boisseau mezure de Saintes. Le calcul ainsy fait on trouvera par la tierce partie du dit calcul le prix assuré des dittes espesses pour servir ensuitte de prix au pain dont il est fait mantion sydessus. Qu'au cas que les boullangers tienne leur boutique garnies de bon pain des trois qualités cy-dessus on ne pourra permettre à aucune personne du dehors de porter aucun pain dans la ville et faubourg de Saintes pour l'exposer en vante, à la rézerve néanmoins des bisquits, carquelins et autres déliquatesse. Ainsy signé Guillemin, maire, et Grégoireau. Conformément aux délibérations du siège présidial par approbation du tout, Chauvel, Duplaix, Huon, Tourneur, Demessac, Geoffroy, Meneau, Geoffroy, du Coudret, Moreau, Bruslé, Baccot, Joubert, Rivière, Soullard, Mareschal, Constantin, Lestellier, Grégoire, Péreaud, Guillotin, Bonneau, Berton, Vieuille, Rulleau, Béron, Vieuille, Bernier, Robert, Gareau, Chervoire, Jaugrau, Dechamp, Simpé, Démier, Legrand, Poirier, Pain, Audhouin, Baril, J. Ecolle. Ainsy signé, Rondeau, greffier. L'original est au greffe, collationné, à la grosse attaché la transaction passée en exécution par moy soussigné. Signé, Jarnaud, notaire royal à Saintes.

Aujourdhuy, vingt-cinquiesme janvier mil six cent quatre-vingt-douze, apès midy, par devant le notaire royal à Saintes soussigné, et tesmoins les nommés ont esté présent et personnellement establis maître Louis Bruslé, conseiller procureur du Roy de la maison commune de la présente ville, y demeurant, assisté de M⁰ˢ Etienne Vivier et Jean Barrot, advocats en la cour, demeurants en la dite ville, et ce en conséquence de l'acte de délibération fait en assemblée génerralle du corps de ville, le septiesme décembre dernier, dont coppie délivrée par le greffier et le luy signée, demeurera attachée aux présentes, pour y avoir recours quand besoin sera, d'une par ; et Estienne Aubry, maître boullanger de la ditte ville et fauxbourg de Saintes, tant en leurs noms que comme fondé de procuration de Louis Rolland, Jean Caignet, Vallantin Bruslé, Pierre Boulais, Jean Chastellier, Paul Patron, Jean Tessier, Antoine Boissonneau, Nicolas Lesnard, Elie Bourguet, Jean Rouleau, Estienne Chastellier, Sébastien Dupon, Martin Mastre, Pierre Boisseau et Mathurin Hillaireau, tous maistres boullangers de la ditte ville et feaubourg qu'ils ont représenté du saiziesme du présent mois, reçu Dalidet, une grosse original de laquelle demeurera attachée aux présentes pour y avoir recours quant besoin sera, les dits boullangers assistés de M⁰ Jacques Guenon, avocat, d'autre part ; entre lesquelles parties pour terminer le différant et procès pendant entrelle en la cour consernant le règlement du prix du pain et esemtion de l'interlocutoire portant quavant faire droit des fins et conclusions des parties sur chef, il serait fait un essay sur les boisseau de Saint-Jean d'Angély, de Cognac et de Pons, ce qui ayant paru de part et d'autre d'une difficile exécution, il aurait esté respectivement fait diverse proposition d'accommodements sur lesquels la communauté des habittans ayant été convoquée par monsieur M⁰ Pierre Guillemain, conseiller du Roy, magistra au siège présidial de la ditte ville, maire et capitaine d'ycelle, avec messieurs les Eschevains, ont dit d'un commun consentement convenu de tous les articles portés par la ditte délibération, laquelle ayant esté communiquée par ledit sieur procureur du Roy aux dits maistres boullangers, et yceux l'ayant accepté, il a été par ces présentes et en conformité d'ycelle arresté et accordé se quy sen suit, c'est à sçavoir que les dits maîtres boullangers donneront : Premièrement cent livres de pain bluté par pochée sur les trois boisseaux mezure de Saintes, que sur le pied de cinq livres les dits trois boisseaux de Saintes le dit pain bluté vaudra toujours un sol la livre ; celluy de toute sa fleur à proportion, le dernier vallant toujours moin de deux deniers que le premier, et que le prix en demeure réglé sur ce pied, le tout bien conditionné.

Secondement, que l'on augmentera le prix du pain de deux deniers lorsqu'il y aura seize sols huit deniers d'augmantation par pochée de froment, et qu'on tiendra le mesme ordre pour la diminution du prix du pain par raport à mesme diminution dans le prix du froment.

Troisiesmement, que lorsque la mesture vaudra trois livres la pochée de trois boisseaux mesure de Saintes, qui signiffie la mesme chose que la quartière mesure de Pons, qui est de quatre boisseau, le pain vaudra toujours six deniers la livre et par l'augmantation de dix sols par quartière qui est trois livres dix sols, il vaudra sept deniers, à quatre livres huit deniers, à quatre livres dix sols neuf deniers, à cinq livres dix deniers, à cinq livres dix sols unze deniers, à six livres un sol la livre. Successivement il augmentra d'un denier par livre par augmantation de dix sols la quartière, toûjours les quatre boisseaux de Pons faisant les trois de Saintes, et qu'on tiendra le même ordre pour la diminution.

Quatriesment, est accordé que les dits boullangers fourniront au greffe de l'hostel de ville les extraits de tous les marchés de l'année des minages de Saint-Jean d'Angély, Cosgnac et Pons, du prix du froment et mesture de bonne forme, signé des greffiers des dittes mercurialle de Saint-

Jean d'Angély, Cosgnac et Pons, le tout quinzaine en quinzaine et en retirant les descharges des dits greffiers.

Cinquiesment, est convenu qu'à quelque prix que la mesture puisse venir, la livre du pain de la ditte mesture ne pourra estre moindre de quatre deniers la livre.

Sixiesment, que pour fixer le prix au froment et mesture l'on additionnera le prix des trois boisseaux et demy de Saint-Jean d'Angély, le prix du même nombre de celui de Cosgnac, et des quatre boisseaux mesure de Pons, lesquelles trois mesures des trois minages cy-dessus, ce raporte au trois boisseaux mesure de Saintes, le cumul ainsi fait on trouve par la tierce partie du dit cumul le prix assuré des dittes espèces pour servir ensuitte de prix au pain dont il est fait mention cy dessus.

Septiesment, est convenu qu'au cas que les dits boullangers tiennent leurs boutiques bien garnies de bon pain des trois qualités cy dessus, on ne pourra permettre à aucune personne du dehors de porter aucun pain dans la ville et faubourgx de Saintes pour les pozer en vante, à la rézerve néanmoins des biscuits, carquelins et autres délicatesse.

Finalement, et outre le contenu des sus dits articles, seront les dits boullangers obligés de faire cuire bien et convenablement le pain des particulliers, moyennant le seize seullement qu'ils ne pourront convertir en argent aux peines portées par les status.

Et moyennant ce que dessus, les dittes parties ont promis et seront tenues d'entretenir et exécuter de poin en poin et de bonne foy elles s'en vont pour raison du dit essay ordonner par les dits arrest, circonstance et despandances d'y celluy hors de cour et de procès, et à l'égard du quart des despans exquels les dits boullangers ont été condemnés par le dit arrest, les parties les ont cejourd'huy réglés à la somme de trente livres, laquelle les dits boullangers ont payé à noble homme Jean Huon, pair échevin du dit hostel de ville, à la décharge de la communauté, suivant la quittance qu'ils en ont retiré de luy en exécution de la délibération du dit corps de ville du jour d'hier, laquelle quittance est au bas de la coppie du dit arrest, signiffiée à la requeste des dits boullangers au dit sieur procureur du roy, le vingt deuxième octobre dernier, par Vallin, huissier, demeurera attachée aux présentes pour y avoir recours sy besoin est, et que les dits boullangers seront tenus de fournir copie des présentes et du dit arrest au bas en bonne forme, et en parchemain au trézor du dit hostel de ville à leurs frais et despans, et à l'entretien de tout les dittes parties ont obligé, scavoir le dit sieur procureur du roy, en vertu de la ditte délibération, tous les biens et revenus du dit hostel de ville et les dits Bourguel, Compaignon et Aubry, tous les leurs et ceux des autres maistres boullangers de la dite ville et fauxbourg, en vertu de la ditte procuration, et après avoir fait les soumissions requises, ils en ont vollontairement esté jugés et condemnés par le dit notaire. Fait et passé à Saintes, maison du dit sieur Vivier, en présence de M° Jean Bardon, estudiant en philozophie, et Pierre Lauguide, le dit jour vingt cinquiesme janvier mil six cent quatre vingt douze, ainsy signé au registre : Bruslé, Vivier, Banol, Guenon, Bourguel, Compaignon, Aubry, Lauguide, Bardon et Janneau, notaire royal à Saintes.

Suit la teneur de la ditte procuration :

Aujourd'huy seiziesme janvier mil six cent quatre-vingt-douze, après midy, par devant le notaire royal à Saintes soussigné, et tesmoins bas nommés, estant au couvant des Révérands Pères Cordelliers de cette ville de Saintes, ont comparu en leurs personnes : Louis Rolland, Jean Caigniel, Vallentin Bruslé, Pierre Boullois, Jean Chastellier,

Paul Patron, Jean Texier, Anthoine Boissonneau, Nicollas Lésnard, Elie Bourguet, Jean Rulland, Estienne Chastellier, Sébastien Dupon, Martin Mastre, Pierre Boisseau, et Mathurin Hillaireau, tous m⁰˙ boullangers de la ville et feaubourg de Saintes, assemblés à la manière accoutumée, lesquels de leurs bonnes volontés ont fait et constitué leurs procureurs généraux et spéciaux, Pierre Bourguet, Vallantin Compaignon, Estienne Aubry, maistre boullangers de la dite ville, leurs syndics présents stipullant et acceptant, auxquels ils ont donné pouvoir et puissance de leurs personnes représenter partout où besoin sera, et par spécial de traitter et tranziger avec monsieur le procureur du roy de l'hostel de ville du dit Saintes, sur le sujet du procès et différant qu'ils avaient ensemble, et en outre promettent et s'obligent par ces présentes d'exécuter en tout son contenu l'arrest et délibération fait au dit hostel de ville, le septiesme dexembre dernier, de laquelle délibération et arrest les dits maistres susnommés ont déclaré avoir en pleine et entière connoissance, et pour cet effet en passer tous les actes et contrats nécessaire, lesquels les dits maistres susnommés aprouvent par ces présentes, et qu'ils veullent et entandent estre de pareille force et vertu comme s'ils estoient passés avec eux tous, et générallement faire pour raison de ce qui sera jugé nécessaire par les dits sindicqs, promettant l'avoir pour agréable, et les en relever indemne sous l'obligation de leurs biens qu'ils ont soumis à la juridiction de ce siège, fait et passé au cloistre et couvent des dits pères Cordelliers, en présence de Jean Guestier et Jacques Girardeau, écolliers demeurant au dit Saintes, témoings requis, et ont signé ceux qui le savent faire, les autres déclarant ne scavoir, sur ce requis, ainsy signé : Bourguet, Compaignon, Aubry, Bruslé, Patron, P. Boulars, Jean Chastellier, Jean Texier, Estienne Chastellier, Elie Bourguet, Jean Rulleau, Boisseau, Guestier, Girardeau et Dalidet, notaire royal à Saintes, et plus bas, receu coppie de la transaction cy dessus en parchemain, le vingt septiesme mars mil six cent quatre-vingt-douze. Signé : Bruslé, et à costé est écrit : Extrait du registre, seconde expédition.

Et plus bas : Receu du dit Compagnon, sindicq, tant pour droits de minute que de la présente grosse, et d'une autre grosse à luy délivrée par le dit sieur Bruslé, neuf livres, sans comprandre trois livres dix sols pour cinq feuillets de parchemain et papier ainsy signé à la grosse, Roger.

—

1732, 10 décembre. — Réception d'un maître menuisier à La Rochelle. — *Original appartenant à M. Saudau.*

Aujourd'huy a comparu en sa personne Anthoine Groumeau, compagnon menuisier et gendre de déffunt Pierre Clenet, vivant maitre du dit mestier de cette ville, y demeurant, faisant profession de la religion catholique, apostolique et romaine, ainsi qu'il apert par le certifficat du sieur Massé, prestre et vicaire de la paroisse de Notre-Dame de cette ville, en datte du jourd'huy, de luy signé, controllé en cette ville le même jour par Bontreuil, commis ; aspirant à la maîtrise du dit mestier en la ditte qualité de gendre de maitre, lequel nous a dit et remonstré qu'en conséquence de la requeste par luy à nous présentée, et de notre ordonnance étant au bas d'icelle rendue sur les conclusions du procureur du roy du dit jourd'hier, scellé le dit jour par le dit Boutreuil ; il aurait fait assigner par exploit de Rivet, huissier, du même jour controllé en cette ville ce jourd'huy par le dit Boutreuil Jean-Baptiste Huas, maitre garde du dit mestier de menuisier de cette ville en exercice, tant pour luy que pour ses consorts aussy, maîtres gardes et autres maitres du dit mestier de menuisier, pour voir dire et ordonner que le dit Anthoine Groumeau sera receu M° menuisier en cette ville, en qualité de gendre de maitre, tout ainsi que l'ont été les autres gendres de maitres cy devant receus, aux offres qu'il fait de faire le serment accoutumé, ou déclarer s'ils ont moyens de l'empêcher ; comparants les dits maitres gardes et plusieurs autres maitres du dit mestier en leurs personnes, qui nous ont dit et déclaré n'avoir moyen d'empêcher que le dit Groumeau ne soit, s'il plaist à la cour, présentement reçeu maitre menuisier en cette ville, en qualité de gendre de maitre, en se soumettant de garder et observer les règlemens de la communauté du dit mestier, et encore à la charge de payer leurs droits et autres accoutumés ; sur quoy nous avons au dit Anthoine Groumeau donné acte de déclaration présentement faitte à l'audience par les maitres gardes que leur communauté est contente et satisfaite qu'il soit receu maitre menuisier, et n'avoir moyen d'empêcher sa réception, attendu qu'il est suffisant et capable de la maîtrise, et en conséquence du consentement du procureur du roy, des dits maitres gardes menuisiers et autres du dit mestier, présens à l'audience, avons receu et recevons le dit Anthoine Groumeau maître menuisier, en qualité de gendre de maitre en cette ville de La Rochelle : auquel avons promis et permettons d'ouvrir boutique et travailler publiquement de sa profession tout ainsy que font les autres maitres du dit mestier, jouir des mêmes privillèges et droits, en par luy faisant serment d'estre bon et fidel serviteur du roy, de bien et fidellement s'aquitter de son dit mestier, payer les droits aux maitres gardes dûs et accoutumés, souffrir leurs visittes, d'observer les règlements de police, et ceux de la communauté des dits maitres menuisiers ; comme aussy de fournir un sceau de cuir neuf pour servir aux incendies, lequel serment il a présentement fait au cas requis, dont luy avons donné acte pour valloir et servir ce que de raison, et en conséquence ordonné que le dit Anthoine Groumeau sera imatricullé sur le livre de la communauté des dits maîtres menuisiers du jour et datte des présentes, qui seront exécutées nonobstant oppositions ou appellations quelconques, et sans préjudice d'icelles. Fait et donné en la cour de la police de la ville de La Rochelle, tenue par nous, Michel Demarines, conseiller du roy en la sénéchaussée et siège présidial de la ville et gouvernement de La Rochelle, lieutenant général de police de la ditte ville en exercice, où assistoit Monsieur M⁰ Pierre Samuel Seignette, aussy conseiller du roy au dit siège, le mercredy dixième jour de décembre mil sept cens trente deux.

Et la ditte audiance finie, le dit Anthoine Groumeau, maître menuisier, a fourny le sceau de cuir qu'il étoit obligé par sa sentence de réception cy dessus dont il en demeure bien et vallablement déchargé.

De Marines. de Beaurepaire, p' du roy. Couppeau, greffier.

—

1755, 10 juin. — Nouveaux statuts de la communauté des maîtres boulangers de Saint-Jean d'Angély, homologués par arrêt de la cour du 20 juin 1758.

Extrait des registres du parlement :

Veu par la cour, la requette à elle présentée par François Bourras et Jacques Guyonnet, syndic des maîtres boulangers de la ville de Saint-Jean d'Angély, contenant que pour se mettre en situation de satisfaire à leurs engagemens et principalement pour maintenir le bon ordre dans leur communauté, ils ont cru devoir rédiger en acte public ce qu'ils vouloient être observé en leur ditte communauté par chacun des membres qui la composent, en conséquence s'étant assemblés en la manière accoutumée, ils ont passé unanimement une délibération contenant sept articles ; laquelle ayant besoin d'être authorisée et homologuée par la cour pour avoir son exécution, c'est pourquoi les dits suppliants requièrent qu'il plaise à la cour, ordonner qu'à la ditte délibération prise par la communauté des maîtres boulangers de la ville de Saint-Jean d'Angély, le premier du présent mois de juin, retenue par Delhonune, notaire royal, sera homologuée et authorizée. En conséquence qu'elle sera exécutée selon sa forme et teneur ; la dite requette signée Degrange, procureur des supliants, ayant au pied de l'ordonnance de la cour de soit montré au procureur général du roy, du dix neuf du présent mois de juin, et de luy répondre par ses conclusions mises au bas le même jour. signé : Duvigier. Veue aussy la dite délibération des dits maîtres boulangers de la ville de Saint-Jean d'Angély, retenue par acte du premier du présent mois ; ouy le raport du sieur Dussault, conseiller du roy, en la dite cour ; dit a été que la cour ayant aucunement égard à la ditte requette, du consentement du procureur général du roy, a authorizé et homologué la délibération prise par les maîtres boulangers de la ville de Saint-Jean d'Angély, par l'acte du premier du présent mois : en conséquence, que la ditte delliberation sera exécutée suivant sa forme et teneur, sans néanmoins approuver ny authorizer les repas portés aux articles quatre et cinq, pour ceux qui voudront faire recevoir maîtres, lesquels articles quand à ce seront d'aucun effet ni valleur, de même que l'article sept de la même delliberation portant qu'aucuns maîtres ou veuves ne pourront vendre le pain au-dessous de la taxe. Prononcé à Bordeaux, en parlement, le vingt juin mil sept cent cinquante cinq. Reçu trois livres dix sept sols pour les épices. Signé : Peschaur.

Messieurs Le Berthon, premier président, Dusault, rapporteur, épices huit écus.

Suit la teneur de la dité délibération :

Aujourd'huy, premier juin mille sept cent cinquante

cinq, après midy, pardevant le notaire royal réservé héréditaire soussigné, en la ville et ressort de Saint-Jean d'Angély, et présans témoins cy-bas nommés, ont comparu : Maurice Bezain, doyen, Jean Berthelot, sous-doyen, Jean Grolleau, Louis Genty, Jacques Jagueneau, Elie Verger, François Bourras, sindic, Jean Bourras, Jacques Guionnet, aussy sindic, Pierre Jaunas, Jacques Friou, Pierre Verger, Louis Ballanger, Pierre Brillouin, Elie Arcouet, Jacques et Pierre Guiberteau, Jean Alleau, Jean Ballanger, François Arondeau, Jean Giraud et Jean Jean, tous maîtres boulangers de cette ville Saint-Jean d'Angély, et faubourgs d'icelle, y demeurant, lesquels étant tous assemblés se sont fait représenter par les dits Bourras et Guionnet, leurs sindics, leurs précédentes délibérations, et les différentes quittances des finances portant l'acquit des droits de confirmation d'union, et incorporation de plusieurs lettres et offices à leur communauté, et rappelée entr'autres chozes qu'outre ce qui est contenu en leurs statuts, ils ont encore depuis longtemps observé à l'instar des autres communautés du métier certains usages qui en intéressent le soutien, qu'ils se sont épuisés pour le paiement des dits droits, qui s'élèvent à des sommes très considérables, qu'il ne serait pas juste que ceux qui leur succèdront au dit métier, jouissent des privilèges qu'ils ont acquis sans s'y intéresser, qu'il est d'abord utile de pourvoir au maintien du bon ordre qui subsiste depuis longues années dans leur ditte communauté, ils ont unanimement et d'une même voix convenu et arresté que pour y parvenir il est nécessaire de rédiger les dits uzages en les articles suivants :

Article premier :

Pour être reçu maître boullanger, il faut avoir apris le mettier d'un maître, et avoir travaillé en boutique pendant trois ans.

Article deuxième :

Chaque maître qui prendra un aprentif pour luy enseigner le mettier, donnera huitaine après l'entrée du dit aprentif en la maison, entre les mains des sindics, la somme de dix-huit livres, pour l'entretien des cierges et torches de la confrérie de la communauté.

Article troisième :

Sy l'apprentif est fils de maître, le maître qui le prendra sera dispensé de donner la dite somme de dix-huit livres.

Article quatrième :

Celluy qui voudra se faire recevoir maître, s'il est fils de maître, donnera dix-huit livres entre les mains des sindics, en outre deux repas aux maîtres de la communauté, et le chef-d'œuvre.

Article cinquième :

Celluy qui voudra se faire recevoir maître, et qui ne sera pas fils de maître, donnera entre les mains des sindics la somme de cinq cens livres, un repas aux maîtres de la communauté, et le chef-d'œuvre.

Article sixième :

Sy un des dits maîtres ayant un aprentif décedde avant le temps de l'apprentissage finy, sa veuve sera tenue d'envoyer et remettre sur le champ le dit apprentif entre les mains des sindics, qui lui montreront le métier pendant le temps qui reste du dit apprentissage, ou le placeront chez un autre maître pour ce faire n'y ayant que les maîtres qui puissent montrer et enseigner le mettier.

Article septième :

Ne pourront aucun des dits maîtres ouvrouer, vendre pain au-dessous de la taxe, soit au moins de quelques deniers de moins, ou de la traizaine ou demi-traizaine, pour enlever des pratiques à aucun des autres maîtres ou veuves.

Pour qu'il ne puisse être apporté aucun changement aux dits articles et uzages, et qu'ils ne soient fermes, estables et étroitement observés à l'avenir, les dits comparants ont chargé les dits Bourras et Guionnet, leurs scindics, de se pourvoir en la cour de parlement de Bordeaux, pour y requérir et solliciter l'homologation du contenu au présent acte, leur donnant par tant que de besoin tout pouvoir de ce faire, et génerallement, tout ce qui sera nécessaire pour cet effet, déclarant aprouver dès à présent comme dé lors et délors comme dès à présent, tout ce qui sera fait et administré de la part d'iceux dits Bourras et Guionnet au dit nom, promettant, en outre, les dits comparants, chacun en droit soy, contribuer à la dépense qu'il conviendra faire pour parvenir à la dite homologation et de tout ce qui pourra s'ensuivre, ce que les dits Bourras et Guionnet ont accepté et promis faire au gré des présentes, tout ce que dessus a été, par les dits maîtres susnommés, agréé, stipullé et accepté, et pour l'entretien ont obligé tous leurs biens présents et futurs, et renoncé à toutes choses contraires, dont de leur consentement ils ont été jugés et condamnés par le dit notaire soussigné. Fait et passé au dit Saint-Jean, les jour et an susdits, en présence de Pierre Léger et Benjamin Rulland, clercq, demeurants au dit Saint-Jean, tesmoins connus, requis soussigné, avec parties des comparants, ce que les autres ont déclaré ne savoir faire, de ce requis, suivant l'ordonnance. La minute est signée : Benin, Berthelot, L. Grolleau, Louis Genty, Jacques Jaguenaud, Vergé, François Bourras, Bouras, Jacques Guionnet, Jonas, Friou, Vergé, Arcouet, Jacques Guiberteau, Pierre Brillouin, Allos, François Arondeau, Giraud, J. Jean, Tillaud, Léger, et du notaire royal soussigné. Controllé à Saint-Jean d'Angély, le quatre juin mil sept cent cinquante-cinq, reçu douze sous. Signé : Robinet, et scellé. Et a signé, Delhomme, notaire royal réservé et héréditaire.

Roger, greffier.

1765, février. — Supplique de Claude Tricard, garçon boulanger, demandant au lieutenant général de police de Saint-Jean d'Angély l'autorisation d'exercer sa profession. — *Copie appartenant au même.*

A Monsieur le lieutenant général de police de la sénéchaussée et siège royal de la ville de Saint-Jean d'Angély.

Supplie humblement Claude Tricard, garçon boullangé, natif de la présente ville de Saint-Jean d'Angély, demeurant aux fauxbourgs de Taillebourg d'icelle, âgé de trante-cinq ans. Dizant qu'il a fait son apprantissage de boullanger chez le sieur Bourras, l'un des maistres de cette ville, qu'il ne s'est attiré aucun reproche de ce maître ny d'aucuns autres chez qui il a travaillé du despuis. Il peut dire aussy qu'ayant tiré au sort de la milice, étant tombé milicien pour le bataillon de la dite ville, il a servy dans le dit bataillon et dans les grenadiers royaux avec distinction pendant 13 à 14 années.

Le suppliant ayant eu son congé, s'est présanté plusieurs fois devant les dits maistres boullangers de cette ville pour les prier de le vouloir accepter et recevoir dans leur communauté au nombre des dits maîtres, mais il les a trouvés sourds à sa prière, ou du moins ils luy ont demandé une somme sy exhorbitante et des choses sy extraordinaires qu'il n'a pas été dans le pouvoir du pauvre suppliant de leur donner et de faire ce qu'ils veullent exiger de luy.

Le suppliant n'entend point se soustraire à la loy des statuts de la ditte communauté des maistres boullangers de cette ville, au contraire, et dans ces circonstances il a l'honneur de recourir à votre justice aux fins que :

Ce considéré, Monsieur, il vous plaise de vos grâces recevoir et admettre le suppliant à la maîtrize des maîtres boullangers de cette ville, sous offre qu'il fait de se conformer aux règlements de police et aux statuts des dits maîtres, et en outre, à tout ce qu'il vous plaira luy ordonner et prescrire, à quoi il conclust. Et a déclaré ne sçavoir signer. Signé, Hillairet, procureur du suppliant.

Soit la présente requête communiquée au procureur du roy pour ses conclusions prizes être ordonné ce qu'il appartiendra. Saint-Jean d'Angély, ce troisième février 1765. Signé : Marchand.

Vu la présente requête, ensemble l'appointement qui ordonne qu'elle nous sera communiquée, nous requérons qu'il soit ordonné aux sindicqs des maîtres boullangers de raporter en trois jours au greffe du siège les statuts et règlements de leur communauté pour par le suppliant se conformer, et à faute de ce faire par les dits maîtres ou leurs sindicqs être pris par nous telles concluzions qu'il appartiendra, et qu'à ces fins l'ordonnance qui interviendra soit signiffiée aux sindicqs des maîtres boullangers pour s'y conformer et qu'elle sera exécutée nonobstant et sans préjudice de l'appel. A Saint-Jean d'Angély, le 3 février 1765. Signé: Audoin de la Prade, procureur du roy.

Vue la présente requête, l'appointement qui ordonne qu'elle sera communiquée au procureur du roy, les concluzions du procureur du roy, Nous dizons qu'avant droit sur la dite requête et la réception du dit suppliant, les sindicqs des maîtres boullangers soient tenus de rapporter dans trois jours au greffe de police les status et règlements de leur communauté pour par le suppliant s'y conformer et faute ne faire par les sindicqs dans le temps marqué qu'il sera par nous sur les concluzions du procureur du roy ordonné ce qu'il appartiendra. Et à ces fins ordonnons que notre présante requeste soit signiffiée aux sindicqs des maîtres boullangers afin qu'ils ayent à s'y conformer et sera notre présante ordonnance exécutée provizoirement nonobstant et sans préjudice de l'appel. A Saint-Jean d'Angély, ce trois février. Signé : Marchand. Scellé à Saint-Jean d'Angély, le 4 février 1765, reçu huit sols deux deniers, compris la requeste. Signé : Jaguenaud.

L'an mil sept cent soixante-cinq, et le quatre février, à la requête de Claude Tricard, garçon boullanger, demeurant en la présente ville Saint-Jean d'Angély, où il fait élection de domicile, et d'abondant en l'étude de M° Jacques-Sébastien Hillairet, notaire royal de la ville de Saint-Jean d'Angély, lequel il constitue par tant que de bezoin pour son procureur, je, huissier audiencier soussigné, rézidant au dit Saint-Jean, reccu et immatriculé au siège royal de police d'icelle ay à Eslie Verger et Pierre Jaunas, maitres boullangers et sindicqs de la communauté des autres maitres boullangers de la dite ville Saint-Jean d'Angély, y demeurant, signiffié la requête et ordonnance cy-dessus et des autres parts transcrits afin que les dits Vergé et Jaunas n'en ignorent et qu'ils ayent à satisfaire au contenu de l'ordonnance de mon dit sieur le lieutenant général de police dans le délai y porté. Dont acte fait et délaissé ces présentes au domicille du dit Jaunas tant pour luy que pour le dit Vergé, à injonction requize de le faire sçavoir à ce dernier en parlant à sa personne. Signé : Ganne, huissier audiencier.

A Monsieur le lieutenant général de police de la sénéchaussée et siège royal de la ville de Saint-Jean d'Angély.

Supplie humblement Claude Tricard, boullanger, demeurant au faubourgt de Taillebourgt de la présente ville Saint-Jean d'Angély, Dizant que despuis plus d'un an qu'il est retiré des troupes et qu'il est passé au mariage, il sollicite maistres boullangers de cette ville de le recevoir dans leur communauté, à quoy il n'a pu parvenir de gré parce que ladite communauté qui veut depuis longtemps se réduire à un petit nombre, et qui a des vues d'intérest trop outrée, dit au suppliant la première foy qu'il se présental pour qu'il fut admis il falloit qu'il contat et donnat à la dite communauté une somme de 500 livres, qu'il donnat en outre deux beaux repas aux maistres, et enfin qu'il fit un chef-d'œuvre qu'il luy firent connoistre qu'ils n'accepteraient pas facilement.

Le suppliant, qui n'est pas dans l'opulance et qui a bezoin de gagner sa vie, et qu'il ne sait pas d'autre mestié que celluy de boullanger, fut extrêmement déconcerté de tout ce que les dits maitres ou quoy qu'il en soit les sindicqs luy dirent qu'ils voulloient exiger de luy, ils n'ont point voullu s'en rétracter du despuis et ont dit au suppliant que c'est la loy que leur communauté avoit faite et que s'il n'y voulloit point satisfaire, il ne seroit point reçue dans leur mestier.

Tous les dits maistres boullangers de cette ville sont fort riche et il leur fâche quand ils voient des aspirants qu'ils croyent avec raizon qui diminueront les profits qu'ils font dans le métier, et c'est pour les détourner et leur faire lascher la prize qu'ils leurs font des demandes sy extraordinaires, car on peut dire qu'une somme de cinq cents livres est exorbitante et qu'il se trouvoit peu d'aspirants à même de la donner, et quant aux repas ils deviennent extrêmement coûteux parce que chasque maistre en particullier y veullent présider, ils seront donnés suivant leur idée ou caprice des mets rares et délicats et en nombre, et ils exigent que ses repas soient faits chez les meilleurs traitteurs où le tout et à discrétion pour eux, et les aspirants sont la victime de leur gloutonnerie, mais à la vérité les excessives despenses dans lesquelles les maistres veullent geter les aspirants en retient beaucoup et les empesche de se faire recevoir, à quoy ils renoncent et quittent mesme bien souvent le pays, ce qui préjudicie au public, et les dits maistres qui en triomphe souvent s'entendent jusqu'au point que le pain qu'ils font n'est pas beaucoup près à comparer à celluy qui se fait dans les villes voizinnes et même avec les campagnes, d'où pluzieurs habitans en font venir.

Le suppliant, qui est natif de cette ville, et qui est étably, ne deveroit point, à l'exemple de pluzieurs autres, s'expatrier, il voulloit au contraire y travailler et vivre du mestier qu'il apris chez l'un des dits maistres, et pour y parvenir il a eu l'honneur de vous donner sa requête tendante à ce qu'il vous plust le recevoir et admettre au nombre des dits maistres conformément aux règlements et aux statuts, sur laquelle requeste vous avez ordonné sur les concluzions de monsieur le procureur du roy, le tout en datte du 3 de ce mois, que les sindicqs des dits maistres boullangers raporteroient dans trois jours dans votre greffe les règlements et statuts de leur communauté pour par le suppliant s'y conformer.

Le suppliant a fait signiffier cette requeste et votre ordonnance aux dits sindicqs dès le 4 de ce mois, par l'exploit de Gaune, huissier dhuement controllé en cette ville, le cinq par Jaguenaud, les dits sindicqs ont en conséquence remis en votre greffe à l'expiration du délais un vidimus qu'ils ont fait faire le huit du présent mois de février, par devant Durouzeau et Rocquet, notaires royaux, d'un autre vidimus des statuts de leur communauté où il n'y parroit point de datte, vidimus datté du huitième avril 1744, à la suitte duquel est un arrêt du parlement de Bordeaux portant homologation d'un acte de délibération prize par les maistres boullangers de cette ville le premier juin 1755, passé devant Delhaume, notaire royal, et le dit acte de délibération par lequel arrêt de la cour desclare ne point aprouver ny authorizer les repas dont est parlé audit acte et déclaré que ceux qui voudront faire recevoir maistre que les articles 4, 5 et 7 du dit acte seront d'aucun effet ny vallables, en date le dit arrêt du 20 du dit mois de juin 1755. Il ne parroit certainement pas par le dit vidimus que les dits sindicqs des boullangers ont remis au greffe qu'ils soient autorizés à exiger des repas, ny une somme exorbitante de cinq cents livres, au contraire les repas ou festins sont expressément prohibés par l'article second des statuts qui concerne les aspirants et qui s'explique en ces termes : Tous les dits maistres boullangers, soit homme ou femme, seront tenus premier s'entremettre du dit mestier qui pour leur assistance n'exigeront aucunes chozes d'icelluy expérimenté sans faire aucuns festins mais baillera sytôt qu'il sera receu un téton au receveur de la communauté pour être employé aux affaires d'icelle dont le dit receveur sera tenu faire estat et en rendre compte. A la vérité par délibération des dits maistres boullangers portée par l'acte du 1er juin 1755, il y est dit à l'article 4 : Celluy qui voudra se faire recevoir maistre, s'il est fils de maistre, donnera dix livres entre les mains des sindicqs, et en outre deux repas aux maistres de la communauté et le chef-d'œuvre. Et par l'article 5, il est dit aussy : Celluy qui voudra se faire recevoir maistre et qui ne sera pas fils de maistre, donnera entre les mains des sindicqs la somme de cinq cents livres, un repas aux maistres de la communauté et un chef-d'œuvre. On voit dans ces deux articles quatre et cinq de cette délibération une bien grande disproportion par les sommes que veulent exiger les maistres des aspirants, puisque les fils de maistres ne seront tenus de donner que dix livres, et qu'ils veullent avoir des autres une somme de cinq cents livres. Il est bien clair et évident par ces deux articles que les dits maistres boullangers n'ont cherché qu'à voulloir diminuer le nombre de leur communauté et à se perpétuer seuls et leurs enfants dans icelle afin de faire de plus grands profits et de gêner l'utilité publique, mais ils n'ont pas si bien réussy dans leur entreprize qu'ils se sont imaginé, et il faudrait pour que leur délibération put avoir lieu que le corps de ville y eut donné les mains, ce qui assurément n'a pas été fait, ainsy, c'est donc mal à propos que la communauté des dits maistres boullangers veut exiger du suppliant une somme de 500 livres et des repas pour l'admettre à icelle, ils sont si peu fondés, et leur prétension est si redicculle à cet égard que l'arrêt d'homologation desclare précizément ne point aprouver ny authorizer les dits articles 4 et 5 pour ceux qui voudront se faire recevoir maistres, lesquels articles il dit seront d'aucun effet ny valleur.

Leur chimère et injuste prétention est donc radicalement destruite par l'arrêt qu'ils ont eux-mêmes fait rendre et c'est une exaction qu'ils voudroient faire qui ne sera assurément jamais adoptée.

Le suppliant espère de votre justice ordinaire, Monsieur, et du zelle de Monsieur le procureur du roy pour le bien public, qui sont la soumission qu'il a cy-devant faite, vous le recevrez et admettrez dans la communauté des maistres boullangers, conformément à leurs statuts qui deffendent les repas et festins et exigent un téton des récipiendaires et non plus, et pour ce il a l'honneur de vous donner sa requeste aux fins que :

Ce considéré, Monsieur, il vous plaise de vos grâces à la vue du vidimus des statuts des dits maîtres boullangers qui vous sera remis, sous l'offre que fait le suppliant de payer à la dite communauté des boullangers un téton, conformément aux dits statuts, ou la somme de dix livres pour le prix ou valleur d'icelluy dit téton et de se conformer en outre aux règlements, ordonnance de police et à tout ce que la justice luy prescrira, le recevoir et admettre dans la communauté des dits maitres boullangers de cette ville et enjoindre aux dits maîtres de l'appeller et recevoir dans leur assemblée aux painnes de droit et ou les dits maistres voudroient s'oppozer à la réception du suppliant ou l'éluder pour luy porter préjudice, luy permettre jusqu'à sa dite réception de faire vendre et débiter du pain tant en cette ville que es fauxbourgts d'icelle, lequel pain il offre de faire bon, convenable et bien conditionné, c'est à tout quoi le suppliant conclut, et à ce que vous ordonnerez qui interviendront soient exécutés provizoirement et nonobstant appel. Signé : Hillairet l'aîné, procureur du suppliant.

Soit la présente requête communiquée au procureur du roy pour sur ses conclusions prizes et estre ordonné ce qu'il appartiendra.

A Saint-Jean d'Angély, ce douze février 1755. Signé : Marchant.

Vu la présente requête, l'appointement qui ordonne qu'elle nous sera communiqué. Vue de même la requeste précédente au pied de laquelle est l'appointement qui ordonne que les maistres boullangers ou leurs sindicqs raporteront au greffe dans trois jours leurs statuts, en datte du trois février dernier, la signifflication qui en a été faitte aux dits sindicqs par Gaune, huissier, en datte du quatre du dit mois, une copie collationnée tant des statuts des dits maistres boullangers, qu'une délibération d'entr'eux homologuée dans la cour, le 20 juin 1755. Nous requérons qu'avant faire droit sur la réception du suppliant les parties ayent à se pourvoir par devant la cour pour faire reigler les droits qui doivent être payés par les aspirans à la maîtrize de boullanger, pour ce fait être procéddé à la réception du dit supliant conformément aux statuts et l'arrêt qui interviendra, et ce pandant attendu les circonstances des préjudices qui pourroient en résulter au suppliant, luy permettre sans tirer à conséquence et sans couvrir le droit d'aucuns, de tenir boutique ouverte et d'y faire du pain conformément aux règlements et à la charge de se faire recevoir et de faire le chef-d'œuvre requis lorsque les contestations pour les droits seront terminées et que l'ordonnance qui interviendra sera justifiée aux boullangers et exécutée nonobstant opposition ou appellation quelconques et sans préjudice d'icelle.

A Saint-Jean d'Angély, le 12 février 1765.

AUDOUYN DE LA PRADE, procureur du roy.

Soit fait ainsi qu'il est requis par le procureur du roy et notre présente ordonnance sera signifiée aux sindicqs des boullangers et exécutée provizoirement nonobstant opposition ou appelation quelconque et sans préjudice d'icelle. A Saint-Jean d'Angély, le 12 février 1765. Signé : Marchant.

Scellé à Saint-Jean d'Angély, le 13 février 1765. Reçu 8 sols 6 deniers.

JAGUENAUD.

L'an 1765 et le 14 février, à la requeste de Claude Tricard, boullanger, demeurant aux fauxbourgs de Taillebourg de la présente ville Saint-Jean d'Angély, où il fait élection de domicile, le sergent royal soussigné, rézidant en la ville de Saint-Jean d'Angély, reçu et immatriculé au siège royal d'icelle, ay à P. Jonas et P. Vergé, maîtres boullangers et sindicqs de la communauté des autres maistres boullangers de la présente ville Saint-Jean d'Angély, y demeurant, signiffié la requête ci-dessus, ensemble l'ordonnance de soit communiquée à monsieur le procureur du roy, le 12 de ce mois, des concluzions de mon dit sieur le procureur du roy du même jour, l'ordonnance de monsieur le lieutenant général de police portant soit fait comme requis du dit jour 12 de ce mois. Signé : Marchant, lieutenant général de police, dhuement scellée le treize par Jaguenaud, le tout cy-dessus et de l'autre part, l'appel afin que les dits Vergé et Jonas n'en ignorent, dont acte fait et délaissé la présente copie au domicile du dit sieur Pierre Vergé, sindicq de la communauté des dits maistres boullangers, tant pour luy que pour le dit Jonas, cosindicq des dits maistres, en parlant à la personne du sieur Vergé père, avec injonction requise de le faire sçavoir à son fils.

GRELAT, sergent royal.

1763, 24 mai. — Procès-verbal de prestation de serment de Pierre Jonas et Pierre Vergé, syndics des boulangers de Saint-Jean d'Angély. — *Original appartenant au même.*

A monsieur le lieutenant général du siège royal de police de la ville de Saint-Jean d'Angély ;

Supplient humblement Pierre Jonas et Pierre Vergé, maîtres boulangers de la ville du dit Saint-Jean, y demeurant, dizant que Jacques Guionet et François Bourras, aussy maîtres boulangers de la même ville, auroient exercé depuis plusieurs années le sindiquat de leur communauté, lequel auroit pris fin à la Saint-Honoré dernière, que les suppliants furent élus par leur communauté à la manière accoutumée dans leur lieu et place pour exercer le dit sindiquat autant qu'il plaira aux maîtres de la ditte communauté dans laquelle ils sont admis, il ne leur reste plus qu'à prêter serment devant vous pour quoy ils ont recours à votre justice.

Ce considéré, monsieur, il vous plaise, attendu la nomination faitte des suppliants par leur communauté de leurs syndicqs prendre et recevoir leur serment qu'ils sont prêts à faire de bien fidellement et en conscience s'acquitter des devoirs de leurs dites charges de syndicqs tout autant qu'ils seront en icelle ferez justice, et ont signé : Ainsy signé, P. Jonas, Vergé, et Rorquel, procureur des suppliants.

Soit la présente requête communiquée au procureur du roy, pour en ses conclusions prises être ordonné ce qu'il appartiendra. Saint-Jean d'Angély, ce vingt-trois may mil sept cent soixante-trois. Signé : Marchand, lieutenant général de police.

Veu la présente requeste, l'appointement cy-dessus qui ordonne qu'elle nous sera communiquée, nous n'avons moyen d'empêcher et consentons que les suppliants soient admis et receus pour exercer le sindiquat de la communauté des maîtres boulangers de la présente ville sur le choix qui a été fait de leur personne par les autres maîtres de la dite communauté, à la charge par les dits suppliants de prêter le serment en tel cas requis de bien et fidèlement continuer exercer la dite charge de sindic et de se conformer aux status et règlement prescrits pour la dite communauté et d'observer les ordonnances de police la concernant. Saint-Jean d'Angély, le vingt-quatre may mil sept cent soixante-trois. Signé : Charrier.

Vu la présente requête, l'appointement qui ordonne qu'elle sera communiquée au procureur du roy, les conclusions du procureur du roy, nous avons reçu les dits Jonas et Vergé pour exercer le sindiquat de la communauté des maîtres boullangers, le choix qui en a été fait par les autres maîtres boullangers après avoir pris et reçu d'eux le serment accoutumé la main levée au cas requis, moyennant lequel ils ont promis de bien et fidèlement s'acquitter du dû de leur charge et de se conformer aux dispositions des statuts et règlement et arrest de la cour et ordonnances de police concernant le fait de boullangerie. A Saint-Jean d'Angély, ce vingt-quatre may mil sept cent soixante-trois. Ainsy signé : Marchand, lieutenant général de police.

Donnons en mandement, etc. (*la suite en blanc*). . . . . Collationné.

BELLET, greffier.

1765, 30 mars. – Consultation pour les maîtres boulangers de Saint-Jean d'Angély, contre Tricard. — *Original appartenant au même.*

Vu le mémoire à consulter de la communauté des maîtres boulangers de Saint-Jean d'Angély ; les requêtes présentées au sieur lieutenant général de police, le 3 février et 12 du même mois 1765, par le nommé Tricard, ensemble les appointements de même date.

Le conseil soussigné estime que la communauté est forcée de faire appel de l'appointement du 12 février, qui porte : « Qu'avant faire droit par la réception de Tricard, » les parties ayent à se pourvoir par devant la cour pour » faire régler les droits qui doivent être payés par les as- » pirants à la maîtrise de boulanger, pour ce fait, être » procédé à la réception du dit Tricard conformément aux » statuts et arrêt qui interviendra ; et cependant attendu » les circonstances des préjudices qui pourroient en résul- » ter à Tricard, lui permet sans tirer à conséquence et » sans couvrir le droit d'aucun, de tenir boutique ouverte, » et d'y faire du pain, conformément aux règlements et à » la charge de se faire recevoir et de faire le chef-d'œuvre » requis, lorsque les contestations pour les droits seront » terminées, etc. »

Cet appointement présente une injustice évidente ; les juges ordonnent d'abord que les parties se pourvoiront en la cour pour le règlement des droits qui doivent être payés par les aspirants ; comme si ce règlement n'avait pas été fait, comme si la délibération prise par la communauté en 1755, ne renfermait pas ce règlement ; comme si cette délibération n'avait pas été homologuée, et ce règlement confirmé par l'arrêt de la cour de même année ; les juges décident donc qu'il faut venir demander à la cour l'exécution de la loi qu'elle a faite ; comme si l'homologation ne donnait pas à cette loi toute la force et l'authenticité requise pour son exécution.

Les juges ont donné d'autant plus dans l'erreur, que par un premier appointement, ils avaient ordonné avant faire droit par la réception de Tricard, que les sindics de la communauté eussent à raporter au greffe leurs statuts et règlements, pour que Tricard eut à s'y conformer, et qu'en conséquence les sindics remirent sur-le-champ leurs statuts et délibération homologuée :

Cette délibération aprenoit aux juges, ce dont ils étaient

informés depuis longtemps, la fixation de la somme que devait donner l'aspirant qui ne seroit pas fils de maître ; ils décidèrent que Tricard doit se conformer à ce qu'elle portera ; et lorsqu'ils l'ont sous les yeux: au mépris de ce qu'elle renferme, de ce qu'ils ont décidé dans leur premier appointement ; au mépris surtout de l'homologation faite par la cour, ils ordonnent qu'on se pourvoira de nouveau en la cour pour obtenir ce règlement, ce règlement déjà fait, déjà authentiquement reconnu ; revêtu de toutes les formalités qui le rendent irrévocable, quel abus ! quelle contradiction avec eux-mêmes !

Ils vont plus loin encore ; ils veulent par le même appointement, qu'en attendant, Tricard tiendra boutique ouverte, à la charge de se faire recevoir, et de faire le chef-d'œuvre, après le jugement des contestations, c'est-à-dire qu'ils décident que Tricard sera maître ; qu'il fera le chef-d'œuvre après avoir exercé longtemps la maîtrise ; que le chef-d'œuvre n'est donc plus pour sçavoir si l'aspirant est capable du métier qu'il veut entreprendre ; que les statuts d'une communauté ne doivent donc pas obliger les aspirants à remplir les conditions qui leur sont imposées lorsque ces statuts ont force de loi, et qu'ils ont le sceau de l'autorité de la cour, des juges de police défenseurs par état des statuts des communautés de leurs villes, pour le bien public, et le soutien des métiers si nécessaires aux habitants et à leur conservation ; ont-ils pu se laisser aller à des erreurs si évidentes.

Ces juges ont-ils intention d'intervenir, et de prétendre que la délibération n'a pu être homologuée sans qu'ils fussent appellés ! Mais ce serait attaquer l'autorité de la cour, qui n'a décidé certainement l'homologation qu'avec connoissance, et une attention particulière sur les articles qui étaient soumis à ses lumières et à sa volonté ; d'ailleurs cela ne valideroit jamais leur appointement ; tout autant que la délibération subsiste, qu'elle a été connue, qu'elle n'a point été attaquée ; ils ont dû s'y conformer ; ils n'ont pu du moins s'en écarter d'une façon aussi insultante pour un acte revêtu de l'homologation ; c'est ce qu'ils ont fait en permettant à Tricard d'exercer le métier sans se conformer aux statuts ; sans aucun égard pour la délibération homologuée, qu'ils ont feint de ne pas connaître ; tandis qu'ils en avoient ordonné eux-mêmes le raport par le premier appointement, et qu'en conséquence elle fut remise au greffe.

Si les juges veulent intervenir dans l'instance, comme il y a grande apparence, puisqu'ils ne peuvent penser que Tricard soit partie pour attaquer une délibération homologuée, ce que néanmoins ils lui permètent inconsidérément. Alors on fera valoir contr'eux les mêmes raisons qui déterminèrent la cour à l'homologation, et celles qui sont ajoutées dans le mémoire ; on fera voir l'intelligence et le concert marqués qu'il y a entr'eux et Tricard, qu'ils ont suscité sans doute eux-mêmes pour faire naître une instance qu'ils n'osaient entreprendre sur leur tête ; les appointements irréguliers qu'ils ont donné pour lui avec tant de précipitation, jusqu'à dater le premier d'un jour de fête ; ne laissent point de doute de cette intelligence condamnable dans des officiers de police ; alors encore on pourra faire valoir contre eux les vexations que les citoyens ont à leur reprocher dans l'exercice de la police, la confiscation du pain, sans aucune preuve qu'il ne soit pas de la condition requise, et du poids nécessaire ; mais ces objets particuliers ne doivent pas engager la communauté à se faire un procès personnel contre ces juges de police qui auroient toujours pour eux, leur qualité d'officiers de police, conduits pour le maintien du bon ordre et l'avantage de la ville.

En un mot l'appel de l'appointement est d'autant plus nécessaire que les juges par cette voye n'ont d'autre objet que de porter un préjudice sensible à la communauté, en admettant indifféremment à la maîtrise tous ceux qui se présenteroient sans leur imposer ni frais, ni chef-d'œuvre, ni réception, sous la réserve artificieuse que cela doit être préalablement réglé par la cour, et qu'alors ils rempliroient toutes ces formalités, qui néanmoins ont toujours dû précéder des droits, tout exercice du métier que les aspirants se proposent d'entreprendre. Cette intention préjudiciable de ces juges s'est déjà manifestée, en donnant encore de nouveau, un semblable appointement, le 11 mars, en faveur d'un autre particulier qui s'est présenté, sur la foi de celui qui avait été accordé à Tricard, appointement dont il faut également faire appel, fondé sur les mêmes raisons.

Délibéré à Bordeaux, ce 30 mars 1765.

DE LAMONTAIGNE.

—

1766, 21 février. — Requête des habitants de la ville de Saint-Jean d'Angély aux fins d'être reçus opposants à l'arrêt d'homologation du 20 juin 1755 de la délibération des maîtres boulangers. — *Original appartenant au même.*

Supplient humblement les habitans de la ville de Saint-Jean d'Angély. Dizant qu'ils sont obligés de se soulever contre les entreprises des maîtres boulangers de la même ville de Saint-Jean d'Angély, qui par une surprise manifeste faite à la religion de la cour, ont fait ajouter à leurs statuts deux articles qui sont contraires à l'intérêt peublic, ainsi que la déduction simple des faits en convaincra la cour. Les maîtres boulangers de Saint-Jean sont fort riches parce qu'ils ont eu le secret de se réduire à un très petit nombre. Ils ont déterminé depuis longtemps de ne pas laisser grossir afin de ne pas partager le gâteau en plusieurs portions, et de s'attribuer ainsi des profits très considérables au préjudice du peublic. Dans cet objet ils se sont attachés à fermer la porte à tous les aspirants qui ne seroient pas fils de maître, et voici comment, le 1ᵉʳ juin 1755, ils prirent une délibération secrette et clandestine conçue en sept articles différents ; ils exposent dans cette délibération furtive, qu'outre ce qui est contenu dans leurs statuts, ils ont observé depuis longtemps à l'instar des autres communautés certains usages qui en intéressent le soutien ; ils avouent donc par là qu'ils ont des statuts, ils insinuent qu'ils si conforment et qu'ils n'entendent point les détruire, et y dérroger formellement. Or, par leurs statuts, les aspirants ne sont tenus pour leur réception que de donner un teston d'or qui ne peut être apprétié jusqu'à présent qu'à six livres tout au plus, et qui l'étoit beaucoup moins autrefois ; et par l'article 4 de la dessus dite délibération il est dit que celui qui voudra se faire recevoir maitre, s'il est fils de maître, donnera dix livres entre les mains des sindics et en outre deux repas aux maîtres de la communauté et le chef-d'œuvre, et par l'article 5 il est dit aussy que celuy qui voudra se faire recevoir maître et qui ne sera pas fils de maître, donnera entre les mains des sindics la somme de cinq cents livres, un repas aux maîtres de la communauté et le chef-d'œuvre. Ils ont ensuitte, et le vingt du même mois de juin 1755, donné une requête en la cour tendante à l'homologation de la dite délibération, sans y appeler les officiers municipaux, ny leur en donner communication, dans laquelle ils ont tâché de surprendre la religion de la cour, en énonçant soit dans leur délibération, soit dans leur requête, que ce qu'ils y avoient réglé n'étoit que la disposition des anciens usages observés de tous les tems dans leur communauté, ils ont même affecté de dissimuler l'existence de leurs statuts et de dire que pour maintenir le bon ordre dans leur communauté, ils ont cru devoir ériger en acte public ce qu'ils veulent être observé. Et c'est à la faveur de ces suppositions qu'ils ont surpris au bas de cette requête un arrêt d'homologation, il est même bon d'observer que la cour retrancha les repas, mais les boulangers p. adv. ne s'en sont pas moins tenus à leurs règlements, c'étoit là le point qui leur tenoit le plus à cœur, ils ont encore exigé depuis, comme ils l'exigeoient auparavant, que ces repas fussent faits chez les meilleurs traiteurs, où là tout devoit être à discrétion pour eux, et les aspirants étoient la victime de leur gloutonnerie. Cet excès de dépense a retenu plusieurs aspirants qui, au lieu de se fixer dans la ville de Saint-Jean d'Angély, s'expatrioient pour aller chercher ailleurs un meilleur sort. Cependant, deux sujets s'étant présentés pour être reçus à la maîtrise, savoir : Claude Tricard, demeurant au fauxbourg de Taillebourg de la susdite ville, et Pierre Prouchet, tous les deux natifs de la ville de Saint-Jean d'Angély, et tous les deux propres et très habiles dans leur métier de boulanger ! Les maîtres, qui veulent être réduits à un très petit nombre, ont refusé de les recevoir qu'à la charge et condition qu'ils compteroient chacun la somme de 500 livres, qu'ils fourniroient chacun des repas et un chef-d'œuvre. Ils ont offert ce dernier article et de se soumettre d'ailleurs à tout ce que les statuts exigent, mais ils se sont refusés, soit au don de ces 500 livres, soit au repas, Et ils se sont pourvus par requête devant le sieur Lieutenant général de police de Saint-Jean d'Angély, qui a ordonné d'abord par appointement du 3 février dernier que les maîtres boulangers rapporteroient dans trois jours au greffe, les statuts et règlements de leur communauté, pour par les aspirants s'y conformer. Les maîtres boulangers y ayant obéi par le rapport au greffe de leurs statuts, il a été ordonné tant dans l'intérêt de Tricard que de Prouchet, par ordonnance des 12 février et 11 mars derniers, qu'avant faire droit sur leur réception, les parties aient à se pourvoir par devant la cour pour faire régler les droits qui doivent être payés par les aspirants à la maîtrise de boulanger, pour ce fait, être procédé à la réception des dits aspirants, conformément aux statuts et arrêt qui interviendra et cependant attendu les circonstances des préjudices qui pourroient en résulter aux dits aspirants leur permet, sans tirer à conséquence et sans couvrir les droits d'aucuns, de tenir boutique ouverte et d'y faire du pain, conformément aux règlements et à la charge de se faire recevoir et de faire le chef-d'œuvre requis lorsque les contestations pour les droits seront terminées. Il est de plus statué que ces ordonnances seront signiffiées aux boulangers et exécutées nonobstant oppositions. Les sindics des maitres boulangers en ont fait appel en la cour et les habitants de la ville de Saint-Jean d'Angély par une délibération du 13 février dernier, qui a été homologuée le 25 avril dernier par M. le commissaire départi de La Rochelle, ont statué d'une voix unanime que paroissant intéressant d'attirer des sujets dans les différents arts et particulièrement dans celuy des boulangers, plutôt que de les éloigner, et l'exigence des dits boulangers ne pouvant qu'en éloigner beaucoup, tendant d'un côté à exclure les talents des sujets qui se trouveroient sans un bien suffisant, et de l'autre à conserver la liberté du métier de boulanger dans les familles déjà établies et les sommes exigées l'étant contre l'usage et contre les termes des statuts des dits boulangers qui n'exige qu'un teston des récipiendaires et l'arrêt paroissant avoir été obtenu sur un faux exposé d'un usage que, s'il a existé, n'a été que clandestin, ne pouvant d'ailleurs prescrire contre le droit commun, il a été délibéré qu'au nom du sieur procureur du roy dans cette qualité sindic de la ville, et au nom des dits habitants, on se pourvoiroit par opposition contre l'exécution de l'arrêt d'homologation et qu'il seroit demandé à la cour de remettre les choses dans leur état primitif et que les statuts soient suivis dans leur entier, qu'en conséquence les récipiendaires au dit métier de boulanger soient simplement tenus de remettre à la boette commune la somme de dix livres valeur comme pour l'usage du teston qui y est exprimé, et qu'à ces fins seroient employés les moyens cy-dessus et autres de droit, il n'est pas douteux que le corps des habitants ne soit intéressé à l'observance des statuts d'une communauté particulière et qu'il est partie capable pour attaquer et faire réprimer l'entreprise des boulangers ; les principales fonctions de magistrats municipaux et des notables sont de défendre la ville, de s'intéresser à la subsistance des citoyens et de s'opposer à tout ce qui peut éloigner l'abondance et l'émulation dans les arts les plus nécessaires. *Personalia numera sunt defensio civitatis annonæ et similium cura.* 61 ff. de num. Le pain est de nécessité première, le besoin en est général et journalier, nos rois ne mettent aucune imposition sur le blé pour en favoriser le commerce important, il est donc intolérable que les maîtres boulangers mettent des entraves aux aspirants à une maîtrise qui tend à rendre cette marchandise et plus commune et plus à meilleur marché ; qu'ils rejettent les aspirants qui n'ont point une somme aussy forte que celle qu'ils exigent, ou qu'ils commencent par ruiner ceux qui l'ont, parce qu'ensuitte ils ne seront pas en état de se procurer la denrée de meilleure qualité, et enfin que la conduite des maîtres tend à se relâcher sur les talents des aspirants dès qu'ils auront les sommes que les dits maîtres veulent exiger d'eux. Dans cet état, les supliants concluent à ce que ce considéré, Nosseigneurs, il vous plaise de vos grâces les recevoir parties opposantes envers l'arrêt d'homologation du 20 juin 1755 de la délibération des maîtres boulangers du premier du même mois de juin, remettant les choses dans leur état primitif, ordonner que les statuts des dits boulangers seront suivis dans leur entier, qu'en conséquence les récipiendaires au dit métier de boulanger seront simplement tenus de remettre à la boëtte commune la somme de dix livres valeur connue pour l'usage du teston qui y est exprimé, leur faire inhibition et deffense d'en exiger davantage, ordonner aussy, *comme autrefois, la suppression de tout festin et buvettes*, et condamner les dits maitres boulangers aux dépens et ferés bien.

Fassent les suppliants leur requête en jugement. Fait à Bordeaux, en parlement, le 21 février 1766. Signé : CAZENAVE.

Au bas est écrit : Signiffié 21 février 1766. Robin, pour M. Devault, procureur.

En marge est écrit : Est arbitraire supprimé par l'arrêt d'homologation.

Pro honor : Douze livres pour le clerc, et papier trois livres douze sols.

—

1766, 9 mai. — Supplique des syndics des boulangers de Saint-Jean d'Angély, à l'évêque de Saintes, demandant la bénédiction du Saint-Sacrement, pour leur fête patronale. — *Original appartenant au même.*

A Monseigneur illustrissime et révérendissime l'Evesque de Saintes.

Supplient humblement Pierre Jonas et Pierre Vergé jeune, l'un et l'autre maitre boullangers de la ville de Saint-Jean d'Angély, sindicqs de la communauté des maitres boulangers de la dite ville ; Dizant : que leur dite communauté dézirerait ajouter aux dévotions qu'elle a accoutumé faire célébrer chaqu'un jour de l'année à l'hommage et gloire du bienheureux saint Honoré, leur patron, une bénédiction, c'est pour en obtenir la permission qu'ils sont conseillés de recourir à l'authorité de votre grandeur aux fins que :

Ce considéré, Monseigneur, veu l'exposé cy-dessus, il vous plaise de vos grâces permettre aux révérends pères religieux jacobins de la ville du dit Saint-Jean, chez qui les suppliants font célébrer la feste du dit saint Honoré, de leur donner la bénédiction du Saint-Sacrement le jour qu'ils feront célébrer la feste de leur dit patron, ce faisant les suppliants ne cesseront de leurs vœux et prières au ciel pour la santé et prospérité de votre grandeur.

Signé : JONAS, saindiq ; VERGÉ, saindiq.

Vu la présente requête pour seconder la piété des suppliants, nous permettons l'exposition du Saint-Sacrement dans l'église des révérends pères jacobins de Saint-Jean d'Angély, le jour de saint Honoré, fête patronale des tion néanmoins qu'ils auront recours les années suivantes à Mgr l'évêque pour le renouvellement de la même per- boullangers de la ville de Saint-Jean d'Angély, à condimission.

A Saintes, le 9ᵉ mai 1766. Signé: DELORD.

Par Monsieur le vicaire général, signé : GEORGET, secrétaire.

A la suite sont mentionnées les autorisations pour les années 1767 à 1770, signées: Delord, Verger, et enfin cette autre: Nous continuons la mesme permission jusqu'à révocation.

A Saintes, le 13 mai 1772. Signé: Demaison, vicaire général. Scellé du timbre sec de l'évêque.

—

1768, 12 mars. — Brevet de maîtrize de boullanger. — Original appartenant au même. Généralité de La Rochelle ; ville de Saint-Jean d'Angély.

J'ai reçu d'Amable Puzenat la somme de trois cens livres pour la finance d'un des deux brevets ou lettres de privillège de maître boullanger tenant lieu de maîtrise, créé par édit de mars mil sept cent soixante-sept, vériffié ou besoin a été, pour par l'acquéreur être reçu et installé incontinent et sans difficulté par le baillif ou sénéchal, ou autres juges qu'il appartiendra, en vertu de la liberté et privillèges dont jouissent les autres maîtres jurés, sans aucunes distinction ni différance, et sans qu'il soit tenu de faire aucun chef-d'œuvre, ny expérience, ny subir aucun examen, payer auqu'uns droits de confrairie, ny aucuns autres droits que les jurez de la ditte maîtrise ont accoutumé de prendre et faire payer à ceux qui veulent être reçus maîtres, dont il demeurera dispensé et exempté, avec faculté au dit acquéreur de mettre et tenir sur les rues et en tels lieux et endroits que bon luy semblera, étaux, ouvroirs et boutiques d'outils et autres choses nécessaires pour l'uzage et exercice de la ditte maîtrize, de même manière et ainsy que les autres maîtres ayant fait chef-d'œuvre et expérience, être appellé en touttes assemblées et visites, pouvoir être fait garde et juré du dit métier, jouir après son décès ses veuves et enfans des mêmes facultés, privilèges, franchises et libertés dont jouissent et ont droit de jouir les anciens maîtres et les autres, dans le cas où il seroit étrangé, de l'exception du droit d'aubaine avec faculté de résider dans le royaume et exercer son commerce, art et métier, y tenir et posséder tous les biens meubles et immeubles qu'il pourroit avoir acquis ou acquérir par la suitte ou qui luy seroit donné, légué ou dellaissé, en jouir, ordonner ou dispozer par testament et ordonnance de dernière vollonté, donnations entre vifs ou aultrement, ainsy que de droit luy sera permis, et avec faculté après son décès à ses enfans nés et à naître en légitime mariage, héritiers ou autres, de luy succéder, pourvu qu'il soit régnicole et aduy à succéder à ses parents résidant dans ce royaume, de même que s'il étoit originairement natif d'icelluy. Le tout ainsy qu'il est plus en long par l'édit de mars mil sept cent soixante-sept, arrest du conseil et lettres patentes rendues en conséquence, le vingt-trois juin audit an. Fait à Paris, le douziesme jour de février mil sept cent soixante-huit. Signé : Bertin. *Plus bas est écrit :* Quittance du trézorier des revenus casuels de la somme de trois cents livres. *Et au dos est :* Enregistré au conseil général des finances par nous, chevalier conseiller du roy en ses conseils, garde du registre du controlle général des finances, faisant pour monsieur de Laverdy, conseiller ordinaire et au conseil royal controlleur général des finances à Paris, le vingt-septiesme jour de février mil sept cent soixante-huit. Signé : Perrotin. A monsieur le lieutenant général de police de la ville de Saint-Jean d'Angély.

Supplie humblement Amable Puzena, boullangé, demeurant en la ditte ville de Saint-Jean d'Angély, dizant que Sa Majesté, par l'édit du mois de mars de l'année dernière, vériffié et registré partout où bezoin a été, auroit créé des brevets ou lettres de privilèges dans les communautés d'art et métier, entrautre dans celles de maitres boulangers pour la présente ville. En conséquence, de l'édit le suppliant s'est rendu acquéreur de l'un des dittes brevets ou lettres de maîtrises, suivant qu'il est prouvé par la quittance que luy en a délivré monsieur le trézorier des revenus casuels, portant la somme de trois cents livres, datté à Paris, du douze février dernier, signé : Bertain. Enregistré au controlle général des finances le vingt-sept du même mois, par Perrotin. En vertu de laquelle le suppliant désirant être reçu dans la maîtrize de boullanger, a recours à l'autoritté de votre justice. Ce considéré, monsieur, il vous plaise, vu le dit brevet ou lettres de maitre boullanger cy-dessus datté, portant examption et dispense de faire chef-d'œuvres et subir examen, payer banquets, droits de confrairie, ny aucuns autres droits que les maitres et jurés du dit métier ont accoutumé à prendre et faire payer, recevoir le suppliant dans la ditte profession et maîtrize de boullanger, en conséquence luy permettre de faire et vendre, tant en la présente ville que dans les faubourgs d'ycelle, de toutes les espèces de pain que font, ont accoustumé, et doivent faire les autres maîtres du dit métier, et à cet effet de tenir et mettre sur les rues et endroits de la présente ville que bon luy semblera, étaux, ouvroirs et boutique garnie de toute espèces de pain et d'outils nécessaires pour l'usage et exercice du dit métier, d'assister dans toutes les assemblées des maitres du dit métier, y avoir voix délibérative, pouvoir passer sindic et juré, de jouir de tous les privilèges dont jouissent et ont droit de jouir les autres maitres du dit métier, suivant qu'il est porté au dit brevet, auquel il offre de se conformer, ainsy qu'aux règlements de police et statuts du dit métier de boullanger, à quoi le dit suppliant consent. Ainsy signé : Amable Puzenat et Hillairet jeune, procureur du suppliant. — Soit communiqué au procureur du roy pour ses conclusions vues être ordonné ce qu'il appartiendra. Fait à Saint-Jean d'Angély, le dix mars mil sept cent soixante-huit, ainsi signé : Dugast, lieutenant général de police. — Vu la présente requête, l'appointement qui porte qu'elle nous sera communiquée, ensemble le brevet de maitrise obtenu par le suppliant, le douze février dernier. Signé : Bertin. Dûment en forme. Ensemble les conclusions du procureur du roy, nous avons reçu et installé le suppliant maitre boullanger pour jouir de tous les droits et privillèges qui lui sont accordés par le dit brevet, en conséquence de l'édit du mois de mars mil sept cent soixante-sept et des lettres pattantes du vingt-trois juin dernier, et, en conséquence, luy avons permis de tenir boutique ouverte pour vendre et distribuer son pain au public, après avoir de luy pris le serment la main levée au cas requis de bien fidellement et en consiance s'acquitter des devoirs de son état de boullanger et d'observer les statuts et ordonnances de police, avec deffanses à toutes personnes de le troubler à telles peines que de droit. Fait à Saint-Jean d'Angély, le douze mars mil sept cent soixante-huit. Ainsy signé : Dugast. — *En marge est écrit :* Taxé trois écus. — *Et plus bas :* Passé aux droits du roy du bureau de la ville de Saint-Jean d'Angély, le douze mars mil sept cent soixante-huit. Reçu deux livres huit sols pour les trois sols pour livre des cinq écus cart d'épices cy-dessus et de l'autre part. Signé : Jagueneau. — Collationné, signé en la grosse, Bellet, greffier. — Scellé à Saint-Jean d'Angély, le 12 mars 1768, reçu une livre douze sols six deniers, compris les six sols pour livre, plus reçu une livre un sol cinq deniers pour le sol pour livre du coût. Signé : Jagueneau.

L'an mil sept cent soixante-huit, le . . . . . mars, à la requête d'Amable Puzenat, maître boullanger, demeurant en la ville de Saint-Jean d'Angély, où il fait ellection de domicile, je Arché, garde de nosseigneurs les maréchaux de France soussigné, demeurant et domicilié au siège général de la connétablie de la maréchaussée de France, à la table de marbre du palais, à Paris, exploitant par tout le royaume, résidant en la dite ville de Saint-Jean d'Angély, ay à Pierre Vergé, l'un des maîtres boullangers de la ditte ville de Saint-Jean d'Angély, et sindic de la communauté des autres maîtres boullangers de la ditte ville Saint-Jean, y demeurant, signiffié et donné copie au long et dument fait, à savoir, le contenu en un brevet de maître boullanger, et en la requête présentée par le suppliant à M. le Lieutenant général de police de la présente ville Saint-Jean, la réception du requérant étant à suitte d'y-celle, le tout dûement en forme et des autres parts transcrits afin que de raison et que les dits maîtres boullangers et le dit Vergé en la ditte qualité de sindic n'en puisse prétendre cause d'ignorance. Dont acte, laissé ces présentes au domicille du dit Vergé, sindic susnommé, en parlant à sa personne. o injonction requise de le faire sçavoir au corps des maîtres boullangers de la dite communauté, par moi : Fradin.

1771, 7 décembre. — Commission pour assigner en reprise d'instance, à la requête des syndics des boulangers de Saint-Jean d'Angély. — *Original appartenant au même.*

Louis, par la grâce de Dieu, roi de France et de Navarre, au premier notre huissier ou sergent sur ce requis. A la requête de Jean Allaud et François Arrondeau, maîtres boulangers, sindics de la communauté des maîtres boulangers de la ville de Saint-Jean d'Angély, qui constituent pour leur procureur en notre cour de parlement de Bordeaux M° André Robin, y demeurant, rue du Parlement, paroisse Saint-Pierre, le mandons assigner en notre ditte cour et grand chambre d'icelle, dans le délai de nos ordonnances, la veuve, enfants ou héritiers de Claude Tricard et autres qu'il appartiendra, pour reprendre le procès pendant en notre ditte grand chambre entre les exposants et le dit Tricard, procéder sur les derniers actes et errements de la procédure, et voir adjuger aux exposants contre eux les conclusions qu'ils ont prises au procès avec dépens. Assigne aussi dans le délai de nos ordonnances le nommé Pierre Cormond et autres qu'il appartiendra pour assister au procès dont s'agit, voir rendre l'arrêt qui interviendra en notre ditte cour commun avec lui et autrement prendre comme de raison. De ce faire te donnons pouvoir. Donné à Bordeaux, le sept décembre, l'an de grâce mil sept cents soixante-onze et de notre règne le LVII°. Par le conseil, signé: FINNET.

—

1777. — Supplique des syndics des boulangers de Saint-Jean d'Angély, pour être autorisés à faire saisir les marchandises d'un sieur Berthommé, boulanger, non reçu dans la communauté. — *Original appartenant au même.*

Monsieur le lieutenant général de police de la ville de Saint-Jean d'Angély.

Supplient humblement Jean Jean dit Rocquet et Siméon Jean Moreau, l'un et l'autre maitres boulangers et sindicqs des autres maitres composant la communauté des maitres boulangers de cette ville. Dizant, qu'il leur seroit revenu que le nommé Berthommé, sans aucun droit ny caractère et sans s'estre préalablement fait recevoir dans la communauté des supliants, s'est avisé de faire du pin de toutes espèces et de l'exposer en ventes dans le fauxbourg de Taillebourg de cette ville du dit Saint-Jean.

Cette fasson d'agir du dit Berthommé est une entreprise aux droits des suplians et de leur communauté, d'ailleurs contraire à leurs statuts, aux règlements de la cour du parlement de Bordeaux et du prézent siège rendus en conséquence, ce qui autorize les suplians à faire saizir aux formes de droit tout le pain, les farines de quelques espèces qu'elles soient, que le dit Berthommé peut fabriquer et mettre en vante dans la présente ville et fauxbourgts, c'est pour y parvenir qu'ils ont recours à l'autorité de votre justice aux fins que :

Ce considéré, Monsieur, vu l'exposé cy-dessus, il vous plaise permettre aux suplians en leur dite qualité de faire saizir aux formes de droit le pain, les farines que le dit Berthommé ozera exposer en vente au public dans la présente ville et fauxbourgts, sans aucun droit. Et sera votre ordonnance exécutée provizoirement nonobstant opposition ou apel, attendu qu'il s'agist d'un fait de police, à quoy les supliants concluent sous toutes rézerves de fait et de droit ferez bien. Et ont signé : J. JEAN, saindicq ; MOREAU, saindiq.

—

1777, 10 septembre. — Réception de Jean Pelletier fils de maitre boullanger. — *Original appartenant au même.*

Aujourdhuy, dix du mois de septembre mil sept cent soixante-dix-sept, par devant le notaire royal rézervé pour la ville et ressort de Saint-Jean d'Angély soussigné, présents les tesmoins bas nommés sont comparus en leurs personnes, Jeanjean dit Rocquet, premier sindic des maîtres boulangers de cette ditte ville et faux bourgs ; Siméon Jean Moreau, second et dernier sindic des dits maîtres ; Pierre Jaunas, Pierre Vergé, antien sindic ; Louis Balanger, Ellie Arcouet, Jacques Balanger, Pierre Guiberteau, Jean Balanger, François Arrondeau, Elie Chauvet, Pierre Vergé fils, Pierre Alleau, Samuel Ballanger, autre Jacques Guiberteau, François Ledieu, Louis Genty, Amable Pussenat, Jean-Baptiste Laffond, François Pelletier, Charles Coutin, Jacques-Allexandre Grolleau, tous maîtres boulangers, faisant et composant la majeure partie de la communauté des maîtres boulangers de la ville et faux bourgs dudit Saint-Jean, demeurant tous sur la paroisse de la ditte ville, et Jean Pelletier, fils dudit François Pelletier, aussy boulanger, demeurant au dit Saint-Jean, autorizé de son dit père d'une et d'autre part, tous lesquels susnommés assemblés à l'occazion de la réception du dit Pelletier fils en la manière accoutumée dans la maison dudit Samuel Ballanger, et après que le chef-d'œuvre de leur métier a esté fait en leur présence par le dit Pelletier fils, icelluy chef-d'œuvre fait, veu, examiné par tous les susdits maîtres qui ont déclarés, à nous dit notaire le lavoir trouvé bien et dhuement conditionné, pourquoy ils ont trouvé et reconnu le dit Pelletier fils ydoine, initié, capable d'exercer le dit métier de boulanger, et sur sa réquisition et demande, tous les susdits maîtres cy-dessus dénommés et assemblés ; enquis des bonnes vies, mœurs, religion catholique, apostolique et romaine que professe le dit Pelletier fils, d'après une mure délibération faitte sur le tout, les susdits maîtres tous d'une commune voye ont unanimement reçu et admis audit métier de boulanger, comme ils reçoivent et admettent et installent par ces présentes ledit Pelletier fils maître boullan-

-ger pour ladille ville et fauxbourgts, consentent qu'il exerce le dit-métier aux honneurs, fruits, profits, revenus, émoluments y attachés, iceluy, sa veuve et héritiers de la ditte maîtrize, comme et tout ainsy que les autres maîtres cy-dessus en jouissent ou ont droit d'en jouir eux-mêmes, avec les charges néanmoins de la ditte communauté et en se conformant aux statuts d'icelles, arrêts de règlements, ordonnances de messieurs les officiers de police de la présente ville et à tous actes intervenus ou à intervenir. En conséquence, promet le dit Pelletier fils d'entretenir le tout ainsy que s'ils eussent estées rendus et passés avec luy, ayant tout présentement le dit Pelletier fils presté le serment en tel cas requis es mains du doyen de la susditte assemblée, en présence des autres maîtres la main levée à Dieu en tel cas requis, moyennant lequel il a promis et juré de fidellement et en consiance exercer le dit métier, nulle ny contrevenir aux statuts de la susditte communauté, arrêts et règlements, ordonnances de police et actes intervenus en conséquence, ains au contraire d'exécuter le tout de point en point dans leur contenu. En considération de tout quoy les susdits maîtres luy ont accordés et octroyés ces présentes lettres aux charges susdites même s'il arrive que dans le cours de quinze années il se présente quelques aspirants, les dits Pelletier fils et Balanger fils seront tenus ainsy qu'ils s'y obligent de faire la corvée du dernier maître alternativement, jusqu'à ce qu'il y en ait d'autres pour les relever, à quoy ils seront soumis sans quoy ces présentes lettres ne leur eussent estées accordées, promettant ledit Pelletier fils de se pourvoir pardevant messieurs les officiers de police de la présente ville pour en obtenir la liberté de tenir ouvroirs garny de tout quoy les susnommés ont requis acte à nous dit notaire que leur avons octroyé pour leur valloir et servir et à qui il appartiendra ce que de raison. Fait et passé au fauxbourg de Taillebourg, parroisse dudit Saint-Jean, demeure du dit Ballanger père, en présence des sieurs Jacques Fleury, maître chamoiseur, et de Jean Audet, boulanger, tesmoins requis connus et appelés, demeurant sur la paroisse dudit Saint-Jean, qui ont avec les parties et susnommées et nous signés ceu, sauf lesdits Jacques-Louis-Jean Ballanger et Grolleau, qui ont déclarés ne le sçavoir faire de ce enquis. La minute est signée Jonas J.-Jean, premier sindic, Moreau, sindic, Vergé père, Accouet, Jacques Guiberteau, Pierre Guiberteau, Arrondeaux, Chauvet, J. Laffond, Pierre Vergé fils, Alleau, Samuel Balanger, Jacques Guiberteau, François Hédieu, Louis Genty, Amable Pusenat, Coulin jeune, F. Pelletier, Pelletier jeune, Bouras, doyen, Jacques Fleury, Audet et Rocquet, notaire royal. Controllé à Saint-Jean d'Angély, le 21 septembre 1777. Reçu quatorze sols. Signé : Suzanne.

Première expédition scele reçu 1 sol.
    Signé : BÉLÈME, notaire royal réservé.
Au-dessous : Délivré en vertu de ma commission.

—

1781, 2 octobre. — Livret d'ouvrier boulanger. — *Original appartenant au même.*

Premier feuillet.

Communauté des Maîtres et Maîtresses boulangers de la ville et fauxbourgs de Paris.

Livret servant à l'enregistrement des Garçons Boulangers, conformément à l'ordonnance de police, de l'article quatre, en date du 17 août 1781, et enregistré en Cour du Parlement le premier septembre 1781.

Les dits Garçons seront tenus d'avertir leur Maître et Maîtresse, huit jours avant leur sortie, et ne pourront excéder que la moitié du nombre des Garçons.

Sur le verso du premier feuillet, on lit :

Nous soussignés, préposés par M. le Lieutenant-Général de police, pour enregistrer les Garçons Boulangers de cette ville.

Jean Peltier,

natif de Saint-Jean Langély en Saint-Onge, diocèse de Sainte, paroisse de Saint-Jean, âgé de 20 ans, nous a déclaré qu'il demeuroit chez M⁵ Jubin, rue Montorgeuil, s'est fait enregistrer au Bureau, le 4 du mois d'octobre 1781.

Signé : Tayret.

Je certifie que le nomé Jean Peltier peut et recue pour travalié à lieure. Sortie le 23 may 1782.

Signé : Veuve Jubin.

N° 3135. Vue le certificat de M⁵ᵉ Jubin, jay préposé soussigné enregistré la déclaration faite par Jean Peltier de son entrée chez M. Gaudry, rue Saint-Antoine, le 29° may 1782.

Signé : Tayret.

Sorty le 8 juillet peue travailhait à lieurs.

Signé : F. Gaudry.

La Rochelle, Imprimerie Nouvelle Noël Texier

www.ingramcontent.com/pod-product-compliance
Lightning Source LLC
LaVergne TN
LVHW051456090426
835512LV00010B/2175